노구(老軀)를 민족제단에 바친 의열투쟁가
강우규

노구(老軀)를 민족제단에 바친
의열투쟁가

강우규

| 정운현 지음 |

글을 시작하며

　일제강점기에 우리 민족은 국권을 되찾고자 국내외에서 지속적이고 도 다양한 형태로 항일투쟁을 전개하였다. 국권 침탈을 전후하여 구한국 군인 출신들과 유생들이 중심이 돼 의병운동에 나섰으며, 또 1910년대 국경지역인 간도 일대에서는 무장투쟁이 치열하게 전개되었다. 이러한 항일투쟁은 그 성과도 적지 않았을 뿐더러 1919년 거족적으로 일어난 3·1만세의거의 모태가 되었다고 해도 과언이 아니다.

　한편 항일투쟁은 조직적·집단적인 형태를 띠는가 하면 개인 차원의 '특공작전' 방식으로 추진된 의열투쟁도 하나의 독립운동방략으로 전개되었다. 이 가운데 윤봉길의거·이봉창의거 등은 상해 대한민국임시정부가 구심점이 돼 조직적으로 추진한 사례라고 할 수 있다. 반면 1909년 안중근의거와 1919년 강우규의거 등은 조직화된 세력의 일원으로서 보다는 개인의 우국충정이 거사의 형태로 나타난 경우로 보는 것이 더 합당하다. 이러한 의열투쟁은 최소의 희생으로 최대의 효과를 거둘 수 있다는 점에서 약소弱小세력들의 대표적인 투쟁방략 가운데 하나였다.

의열투쟁은 1920년 들어 약산 김원봉의 '의열단' 결성으로 그 결실을 맺게 되었다. 그 직접적인 계기가 된 의거로 1919년 9월 2일 발생한 강우규의거를 들 수 있다. 강우규는 의거 당시 대한노인동맹단 소속으로 65세의 고령이었다. 강우규는 3·1만세의거 여파로 하세가와 총독이 물러나고 후임에 해군대장 출신의 사이토가 새 총독으로 부임한다는 소식을 듣고 그를 폭살하기로 결심하였다. 블라디보스토크에서 사제폭탄을 구입한 그는 원산을 거쳐 서울로 올라와 총독 부임날짜를 기다리며 거사에 '철저하게' 대비하였다. 마침내 1919년 9월 2일 사이토가 부산을 거쳐 남대문역(현 서울역)에 도착하자 그를 향해 폭탄을 던져 현장에서 30여 명에게 중경상을 입혔다.

　　강우규는 의거 현장에서 체포를 면할 수 있었다. 당초 그는 거사가 성공할 경우 현장에서 자작시를 읊은 후 스스로 체포당할 계획이었다. 그런데 사이토를 처단하지 못한 탓으로 후일을 기약하며 현장에서 몸을 신속하게 피하였다. 피신은 그리 오래가지 못하고 말았다. '범인' 체포에 혈안이 돼 서울 전역을 쥐잡듯 뒤진 끝에 일경 당국은 마침내 거사 발생 보름만인 9월 17일 강우규를 검거하였다. 그를 검거한 사람은 조선인 친일경찰로 악명 높은 김태석 경부警部였다. '주범'인 강 의사가 검거되면서 '공범'들도 뒤따라 속속 검거되었다.

1919년 10월 20일 기소된 강우규는 1~3심 재판을 거쳐 이듬해 5월 27일 최종 사형선고를 받고 그해 11월 29일 서대문형무소에서 순국하였다. 그는 상급 법원에 항소 및 상고한 것은 목숨을 구걸하고자 한 것이 아니라 동지들을 변호하기 위함이었다. 강 의사는 모든 재판에서 변호인을 선임하지 않았으며, 재판정에서는 판사를 향해 거사의 정당성을 당당하게 피력하는 등 조금도 기개를 꺾지 않았다. '옥중투쟁'은 일제침략의 부당성을 널리 알리는 또다른 항일투쟁이었다. 독실한 기독교 신자였던 강우규는 옥중에서 기도와 성경 봉독으로 일관하였다.

한편 강우규의거는 다음 두 가지 점에서 큰 의의를 갖고 있다. 우선 3·1만세의거 이후 최초로 시도된 의열투쟁인 점과 둘째로 역대 항일투쟁가 가운데 최고령인 사실이다. 그러나 그간 독립운동사 연구에서 강우규 항일투쟁에 대한 학계의 연구가 미진했던 점은 아쉬움이라고 언급하지 않을 수 없다. 지난 2009년 강우규 의사 의거 90주년을 맞아 강우규의사기념사업회에서는 의거 현장인 서울역 광장에 동상 건립 등 다양한 현창사업을 추진하였다. 이번 독립운동가열전 출간을 계기로 그의 애국충정이 널리 소개되는 동시에 현창사업이 활발하게 진행되길 기원한다.

2010년 9월

정운현

차례

1

남대문역에 울린 폭탄의 굉음

신임 총독 부임을 앞둔 서울　　일제가 조선을 무력으로 통치하기 시작한 지 만 9년을 한 달 앞둔 1919년 9월 초. 아직 여름이 끝나지 않아 한낮에는 여전히 더위가 기승을 부렸다. 또 이때를 전후하여 폭풍우가 몰아쳐 주택과 수확을 앞둔 경작지에 큰 피해를 주기도 했다. 조선의 민중들은 일제의 압제는 물론 극심한 자연재해마저 겹쳐 대다수가 힘든 나날을 보내고 있었다.

게다가 6개월 전에 일어난 3·1만세의거 후유증도 아직 가시지 않은 상황이었다. 만세의거에 가담했던 민족진영의 인사들이나 학생들에 대한 일제 당국의 재판이 여전히 계속되고 있었으며, 피해자들의 상처는 채 아물지 않은 상태였다. 이런 상태에서 8월 19일 발표된 일황의 조서詔書나 하라原敬 수상 명의의 성명서는 별 설득력을 갖지 못했다. 일제는 향후 조선에 대해 이른바 '문화통치'를 표방하였으며 주요 내용은 조선총독부의 관제官制와 제도를 고쳐 조선통치를 일본인과 동일하게 하겠다는 것이 주요 내용이었다. 그러나 일제의 이러한 유화정책에도 대다수

조선인들 반응은 냉담했다.

반면 일제의 탄압과 박해에도 불구하고 3·1만세의거로 타오른 독립운동의 열기는 좀처럼 가라앉지 않았다. 국내외에서 독립운동 열기가 이어지고 있는 가운데 8월 29일 '국치일'을 맞아 서울 시내 조선인 상점들은 가게 문을 닫고 무언의 항의시위를 벌였다. 6월 상순 서울 합동蛤洞에서 이병철 등이 결성한 '대한민국 청년외교단'은 이날 경고문을 시내 곳곳에 살포해 일제 당국을 긴장시켰다.

9월 1일은 때마침 서울 시내 각 학교의 가을학기 개교일이었다. 고등보통학교(현 고등학교)와 전문학교 등이 이날 일제히 개교하였으며, 사립학교는 이보다 며칠 뒤인 6일부터였다. 당시 신문보도에 따르면, 두 달여를 고향에서 보낸 지방출신 학생들이 개학을 위해 기차를 타고 올라와 남대문역(이후 경성역으로 개칭되었다가 해방 후 다시 서울역으로 개칭됨)에서 다시 만나 서로 반가워하는 모습이었다.

개학 첫날 등교한 학생들의 수는 절반을 겨우 넘는 정도에 불과했다. 경기도지사의 보고를 통해, 일제 고등경찰이 9월 2일자로 작성한 한 비밀문건에 따르면, 경성고보의 경우 재적학생 632명 가운데 402명이 등교하였으며, 경성여女고보는 160명 중 102명, 경성공전工專은 107명 중 30명, 경성의전醫專은 133명 중 59명, 경성전수專修학교는 122명 중 71명, 보성고보는 309명 중 74명, 휘문고보는 290명 중 108명, 중앙학교는 242명 중 40명, 양정고보는 183명 중 86명, 그리고 기독교재단 소속인 연희전문의 경우 재적학생 37명 중 등교생은 5명에 불과했다. 일제 고등경찰이 각 학교의 등교생 숫자까지 조사한 까닭은 당시의 시국상황

| 위기를 모면한 사이토 총독부처

| 강우규 의거 당시 남대문역 인파

과 무관치 않았다.

이날 서울은 겉으로는 평온했지만 정보계통의 경찰들은 물밑에서 숨가쁘게 움직였다. "내일(2일) 신임 총독이 서울에 도착할 즈음 모든 가게는 문을 닫고, 학생들은 신임 총독 환영행사에 참가한 후 서울 서쪽에 있는 인왕산에 올라가 항의의 표시로 만세를 부르기로 한다"는 '불온문서'가 시내에 뿌려졌기 때문이다. 심지어 일제 경찰은 상해 대한민국 임시정부에서 신임 총독을 처단하기 위해 파견한 암살단이 서울 시내에 잠입했다는 정보도 입수한 상태였다. 이 정보에 따르면, 암살단은 1차로 부산에서 거사를 결행한 후 실패할 경우 대구에서 다시 결행하고 최후에는 서울 남대문역에서 거사를 치르기로 준비하고 있다는 것이었다.

이런 상황과는 별개로 서울 시내 학생과 종교계 등의 움직임도 예사롭지 않았다. 8월 29일 국치일을 맞아 문을 닫았던 조선인 가게들은 이날도 상당수가 문을 닫았는데, 이는 이른바 '불령不逞학생'이라 불린 애국학생들이 천도교도들과 함께 고무한 결과였다. 이들은 '청년중앙단' 명의로 조선은 3·1만세의거를 통해 이미 독립하였으므로 새로 부임하는 총독은 즉시 도쿄東京로 되돌아가라고 주장하기도 했다.

조선에 새 총독이 부임할 것이라는 얘기는 앞서 7월 5일 하세가와 요시미치長谷川好道 총독이 3·1만세의거에 책임을 지고 도쿄로 물러간 이후부터 나오기 시작했다. 후임으로는 무단통치 대신 새로운 식민통치 전략을 모색하는 차원에서 온건한 성향의 인물이 예상되었다. 마침내 8월 12일 일본 정부는 하세가와 후임으로 사이토 마코토齋藤實 예비역 해군대장을 임명·발표했다. 당시 사이토는 이른바 '지멘스사건' 이후 예비

| 사이토 마코토

| 하세가와 요시미치

역 상태였는데, 일황은 사이토를 '특별히 현역에 복귀'시켜 총독에 임명
했다. 이 소식은 신문을 통해 국내외에서 활동하던 항일 민족운동 진영
에도 곧바로 알려졌다.

　8월 29일 도쿄를 출발한 사이토 총독 일행은 이튿날 오사카大阪을 거
쳐 31일 시모노세키下關에 도착했다. 시모노세키에는 이들을 조선으로
태워갈 특별선船인 신라환新羅丸이 기다리고 있었다. 8월 31일 오후 9시,
마침내 사이토 총독 일행은 시모노세키항을 출항해 현해탄을 건너 조선
땅으로 향하였다. 이 배에는 신임 사이토 총독 다음으로, 총독부 내 제2
인자인 미즈노 렌타로水野鍊太郎 신임 정무총감 일행도 같이 타고 있었다.
오늘날의 국무총리 격인 미즈노 정무총감은 시모노세키를 떠나기에 앞

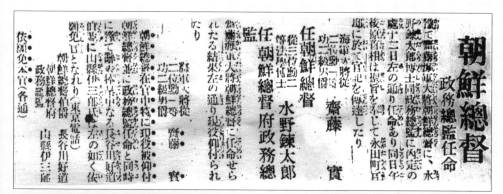

朝鮮總督
政務總監任命

かねて海軍大將齋藤實海軍大將朝鮮總督に、水野鍊太郎法學博士同政務總監に內定の處十二日左の通り任命ありたり

後原首相は裁可を捧じて永田町官邸に於て官記を傳達したり

海軍大將從二位勳一等功二級男爵
齋藤　實

任朝鮮總督
從三位勳二等法學博士
水野鍊太郎

任朝鮮總督府政務總監

齋藤海軍大將朝鮮總督に任命せられたる結果左の通り現役仰付けられたり

●陸軍大將從二位勳一等功二級男爵
齋藤　實

●朝鮮總督在官中特に現役被仰付
朝鮮總督は政務總監任命と同時に陸軍大將長谷川好道に對して酔杯を挙ぐる長谷川好道は豫て山縣依三郎に左の如く依囑し置かれたり

●朝鮮總督府政務總監
山縣依三郎

●佐官免本官(各通)

일본 신문에 게재된 신임총독 관련 기사

서 이날 오전 10시 반에 전임 야마가타山縣 정무총감을 시내 산요山陽호텔 2층 9호실에서 만나 업무 인수인계를 마쳤다.

9월 1일, 부산항은 총독 일행이 타고 오는 배를 기다리는 관리들로 인산인해를 이루었다. 아침부터 날씨가 흐린데다가 가는 바람까지 불어 연안바다에는 작은 파도가 일고 있었다.

오전 8시 30분경, 사이토 총독 일행이 탄 신라환이 마침내 부산 앞바다에 도착했다. 배가 도착하자 이때를 맞춰 인근 복병산伏兵山 정상에서 연깃불을 피워 신임 총독의 도착을 알렸다. 이는 신임 총독의 부산 도착을 환영하는 의미를 담고 있었다. 사이토 총독 내외와 미즈노 정무총감 가족(부인과 자녀 2명) 등 탑승객 20명은 배에서 내려 마중 나온 인사들의 영접을 받았다.

환영 인파 가운데 서울에서 내려간 인사로는 총독부 직원을 대표해 고쿠부國分 법무국장을 비롯해 사사키佐佐木 도지사·마쓰이松井 부윤府尹·아시마兒島 헌병사령관·이왕가李王家 파견 다나카田中 사무관·후지나미藤波 통역관 등 공직자·그리고 적십자사·애국부인회·재향군인회 회원 및 신문기자·시민 등 300여 명에 달했다. 이들 환영 인파 가운데는 '을사오적' 가운데 한 사람인 이완용 백작과 조선귀족 2~3명도 섞여 있었다.

한편 이날 환영식장은 종전과는 다른 모습이었다. 예전의 경우라면 이런 행사장에 금테 두른 복장과 모자에 칼을 찬 사람들로 북적였을 텐데 이날 풍경은 그와는 딴판이었다. 참석자 중 일부 무관武官을 제외하고는 모두 양복이나 평상복 차림이었다. 이유는 그날 당일 총독부에서 공직자들의 제복制服을 폐지한 탓이었다.

사이토 총독은 배에서 내려 마중을 나온 경향京鄕의 인사들과 악수를 나눈 후 준비된 자동차를 이용해 임시숙소인 대지여관大池旅館으로 향했다. 오후 1시경 점심식사를 마친 사이토는 당초 이날 오후 부산 관내를 시찰할 예정이었다. 그러나 이들이 도착한 직후인 오전 9시반경부터 부산 일대에 비가 내려 시찰 일정을 전면 취소하였다. 또 이날 6시에는 용두산에서 부산시내 관민官民합동으로 환영회를 개최키로 하였으나 이 역시 취소되었다.

사이토 총독 일행은 이날 부산에서 하룻밤을 보내고 이튿날 목적지인 서울로 향했다. 서울은 조선통치의 본산인 조선총독부와 총독 관저가 있는 곳이었다. 9월 2일 오전 7시 10분 대지여관을 출발한 사이토 일행은 특별한 환송행사 없이 7시 30분 부산역에서 임시특별열차를 타고 상경길에 올랐다. 이후 대구-대전-천안-수원을 거치는 동안 철길 주변에는 조선인 환영객들이 열을 지어 있었는데 이들은 모두 강제로 동원된 사람들이었다. 영등포역에 도착했을 때 사카이데坂出 총독부 토목국 기사 등이 마중을 나왔고, 한강을 지나 용산역에 도착했을 때는 후루키古城 부관이 군사령관의 대표로 환영을 나왔었다.

9월 2일 오후 서울의 날씨는 무더웠다. 부산과 달리 비 한 방울도 내리지 않아 더욱 찌는 듯했다. 예정대로라면 이 무더위를 뚫고 신임 사이토 총독 일행을 태운 특별열차가 오후 5시 정각 남대문역(현 서울역)도착하기로 되어 있었다. 이날 군 당국은 신임 총독의 서울 입성 환영식을 위해 기병 1개 중대를 의장대로 편성하였으며, 보병 제78연대 장굴전長堀田 대좌(현 대령)가 지휘하는 보병 2개 대대 병력을 도열병으로 동원하였다. 또 인근 한양공원에서 예포 19발을 준비해 놓고 있었다. 군대와는 별도로 경찰은 이날 아침부터 남대문역 주변은 물론 인근 남산 중턱 총독부 청사에 이르는 남산 주변 일대에 걸쳐 탐문과 삼엄한 경계를 폈다. 그러고는 환영객들에게 아래 다섯 가지 '주의사항'을 별도로 발표했다.

① 출영자는 제 위치를 지킬 것
② 출영자는 당일 오후 4시 50분까지 남대문역에 도착하여 정차장 왼편 화물 반출 입구로부터 입장할 것
③ 출영자는 입장하기 전에 접수대 직원에게 명함을 교부할 것
④ 플랫폼에서는 각자 지정한 위치에서 출영할 것
⑤ 출영자 일동은 총독 일행이 출발한 후에 이를 따라 퇴장할 것

이날 당국이 지정한 남대문역 출영자 배치도를 보면, 역장실 앞에는 총독부 본부 및 소속관서 직원들과 조선귀족들을 그리고 귀빈실 앞에는 군인·일반인·여성들을 배치하였다. 일반인들과 여성 출영자들은 접수대를 통과하도록 하였는데, 이는 만약의 사태에 대비해 사전에 신분확인을 하려고 한 것이다. 경찰은 이밖에도 이날 출영자들에게 예복을 착용하고 각 가정에서는 경축의 의미로 국기(일장기)를 내걸라고 지시하였다. 3·1만세의거 이후 조선인들은 각종 기념일에 일장기를 잘 내걸지 않아 별도의 지시가 필요했었다.

오후 5시 정각이 되자 121호 기관차가 이끄는 임시 특별열차가 사이

| 강우규 의거 당시 남대문역

토 총독을 태운 채 기적을 울리며 서서히 플랫폼으로 들어왔다. 플랫폼
에 도열해 있던 출영객들은 하나같이 손에 일장기를 흔들며 신임 사이
토 총독 일행이 열차에서 내리기를 기다렸다. 바로 이 시각 인근 한양공
원 서쪽 성벽 855 고지高地에서는 야포병 대대가 19발의 예포를 발사했
다. 신임 총독이 무사히 서울에 도착한 것을 축하하는 예포 소리는 남대
문역 일대는 물론 서울 전역에 울려퍼졌다.

　이윽고 구보久保要藏 만철 경성京城관리국장의 안내로 열차 한 가운데
위치한 귀빈칸에서 사이토 총독이 내려 출영객들 앞에 모습을 드러냈
다. 부산역을 출발해 수원역에 올 때까지만 해도 '푸록 코트' 차림이었
던 사이토 총독은 어느새 흰색 해군대장 복장에 군모軍帽를 쓰고, 가슴에
는 훈勳1등 욱일장旭日章 부장副章을 달고 있었다. 해군 출신인 사이토 총

독은 육군대장 출신인 데라우치나 하세가와 두 전임 총독과는 복장에서부터 대조를 이뤘다.

열차에서 내린 사이토 총독은 아오키靑木 부장의 안내로 출영인사들이 늘어서 있는 곳으로 발길을 향하였다. 그곳에는 우쓰노미야宇都宮 사령관, 죠호지淨法寺 사단장, 아시마兒島 헌병사령관 등 군 수뇌부, 아카이케赤池 총독부 내무국장, 고우치야마河內山 재무국장, 니시무라西村 식산국장, 마쓰나가松永 경기도지사, 가나야金谷 경성부윤 등 총독부 고위관리, 이완용 백작, 민병석 자작, 한창수 남작, 민閔 이왕직장관 등 조선귀족 그리고 하레 영국 총영사 등 외교사절을 비롯해 가노우嘉納 조선은행 부총재 등 재계인사와 신문기자, 일반인 등 무려 1,000여 명이 운집해 있었다. 이날 남대문역에는 서울에서 내로라는 저명인사는 이곳에 다 모였다고 해도 과언이 아닐 정도였다. 그들은 군복차림을 비롯해 양복 정장, 무늬 놓은 하오리羽織 그리고 조선 한복 등 각양각색의 차림새를 하고 있었다.

사이토 총독은 이들 출영객들과 일일이 악수를 나누고는 귀빈실을 거쳐 호위 경찰과 신문기자 등이 뒤를 따르는 가운데 남대문역 광장에 이르렀다. 광장에는 사이토 총독 내외가 타고 갈 마차와 그 뒤에 미즈노 정무총감 내외가 타고 갈 마차가 각각 한 대씩 기다리고 있었다. 마차 옆으로는 수행원들이 탈 인력거가 두 줄로 늘어서 있었다. 사이토 총독 내외는 앞 마차의 뒷좌석에 나란히 앉고 앞좌석에는 이토伊藤 비서관이 자리를 잡았다. 마차는 남산 왜성대倭城臺 총독 관저로 갈 예정이었다. 마차가 겨우 몇 바퀴를 구른 순간 역 광장 내 다방 인근에서 '검은 물체'

하나가 마차 근처로 날아들었다. 정체불명의 검은 물체는 현장에서 총독이 마차에 오르는 모습을 촬영하던 한 사진기자 바로 옆에서 폭발하였고 굉음이 뒤따랐다.

천지를 뒤흔든 폭탄 소리

순간 역 광장 일대에는 비산飛散한 파편에 맞아 나뒹구는 사람이 수도 없이 많았다. 어떤 사람은 허벅지를, 어떤 사람은 가슴에 파편을 맞아 피를 흘리며 쓰러졌다. 만약의 사태에 대비해 역 광장에 대기 중이던 경찰은 중상자들을 인근 철도병원, 세브란스병원 혹은 총독부병원으로 긴급 후송하거나 더러는 자택으로 옮겼다. 역 광장은 다친 사람들의 비명소리로 졸지에 아수라장이 되고 말았다. 특히 폭발 굉음에 놀라 기병들이 타고 있던 말들이 이리저리 날뛰었고 구경 나온 군중들도 앞다퉈 피신하느라 사고현장은 마치 아비규환을 방불케 했다.

그러나 정작 폭탄의 표적이었던 마차에 타고 있던 사이토 총독 내외는 이런 상황을 자세히 알지 못하고 있었다. 폭탄이 터지는 소리가 나자 사이토 총독의 부인 하루코春子는 이 소리를 예포 소리로 착각한 채 별로 놀라지 않은 기색이었다. 그러다 잠시 후 오른쪽 자리에 앉아 있던 남편 사이토 총독이 작은 소리로 "맞았소, 맞아!" 하며 두 번이나 연거푸 마차가 폭탄을 맞은 사실을 알려주자 그때에도 "무슨 일입니까?" 하고 물었다. 사이토 총독이 "폭발탄!"이라고 말하고는 더 이상 아무 말도 하지 않자 하루코는 의아해서 마차 밖을 내다보았다. 순간 하루코의 눈에 흰

William Preston Harrison and Mrs. Harrison.
Who were reported injured in a bomb explosion at Seoul, Korea, when an attempt was made to assassinate Gov.-Gen. Saito. Mr. Harrison is a brother of Carter Harrison, former Mayor of Chicago, and both Mr. and Mrs. Harrison are well known in Los Angeles.

| 강우규 의거를 실은 L.A Times 삽화

옷을 입은 사람과 일본인 복장을 한 사람 서너 명이 쓰러지면서 시뻘건 피를 흘리는 모습이 들어왔다. 그제서야 하루코는 자신들이 탄 마차 주변에서 대형 폭발사고가 났다는 사실을 알아차렸다.

이날 남대문역 일대에는 군경이 철통같은 경비를 펴고 있어서 이러한 돌발사고는 거의 불가능한 상황이었다. 남대문에서 남대문역 앞까지 서쪽 방면으로는 제78연대 소속 보병 2개 대대가 도열해 있었고, 반대편 동쪽으로는 친일단체인 대정大正친목회 회원 등 환영인파가 열 겹 스무 겹으로 마치 사람의 성城을 쌓은 듯했기 때문이다. 또 군중들 틈에서는 사복경찰들이 숨어서 그들의 일거수일투족을 감시하고 있었으며, 출영객 대다수는 입장시 신분 확인을 받은 상태였다. 그럼에도 불구하고 이날 신임 총독이 서울에 첫발을 디딛는 순간 예기치 않은 대형 폭발사

義士姜宇奎氏 마침내 死刑

上告 棄却되다
倭高等法院의判決

去二十七日敷高等法院에서姜宇原審인該法院에서姜宇奎氏의上告에對한判決이잇고傍聽席에는路四十人의韓人이잇고姜義士의辯護士는出廷치아니하얏고上告를棄却한다는該判決書가如左하다

判決書

被告人 姜宇奎

咸鏡南道洪原郡龍源面灩德里六十八番地在籍

中國吉林省德河縣新興洞居住

農業

六月一日生 六十六年

右爆發物取締罰則違反發發事件에對하야大正九年四月二十六日京城覆審法院의言渡한判決에對하야被告人으로부터上告하야依하야朝鮮總督府檢事長草場林五郎의意見을聽取하야如左히判決함

主文

本件上告는棄却함

理由

上告趣意(省略)그러나原審의判決은一人을殺하려한것이라被告一人을殺害하려하야被告가朝鮮總督齋藤實을殺害하기를企하야爆彈의安全栓을빼고朝鮮總督齋藤實에게依하야被告가朝鮮總督齋藤實을殺害하기를企하야如此히爆彈의安全栓을빼고原判示와如히爆彈을投하야因하야同一이乘한馬爆彈의破裂으로因하야同一이乘한馬

| 강우규 의거 『매일신보』 기사(1919. 9. 4)

고가 발생하고 말았다.

　이날 폭발사고로 대규모 인명 피해가 발생했다. 현장에서 즉사한 사람은 없었지만 많은 중경상자가 발생했다. 필시 신임 사이토 총독을 노린 것이었으나 사이토 총독은 오히려 별 피해를 입지 않았다. 그저 그가 탄 마차에 대여섯 조각의 파편이 박힌 것이 발견되었고 그의 혁대에서 파편 몇 조각이 발견되었다. 사이토 총독이 폭탄 피해를 입지 않은 것은 순전히 군복 덕분이었다. 해군복의 혁대는 다른 군복과 달리 유독 두터워 왠만한 물체도 뚫기가 어려웠다. 만약 그가 이날 해군복을 입지 않았다면 복부에 상처를 입었을 수도 있는 상황이었다.

　강우규의 폭탄 투척으로 이날 현장에서 신문기자·경찰·철도 및 차량 관계자 등 37명이 중경상을 입었는데, 경상자 가운데는 미국인 여성 1명도 포함돼 있었다. 중상자 가운데 2명은 나중에 부작용으로 사망했다. 경기도 순시巡視 스에히로末弘又二郞는 왼쪽左대퇴부에 뚫고 들어간 폭탄파편彈片으로 인해 패혈증을 일으켜 사건 발생 9일만인 9월 11일 오전 9시에 사망했다. 『오사카아사히大阪朝日신문』 경성특파원 다치바나橘香橋는 복부를 뚫고 들어간 폭탄파편으로 장관腸管이 손상당해 부작용으로 복막염·폐렴이 발병해 그해 11월 1일 오전 9시에 각각 사망했다. 또 이 신문의 경성특파원 야마구치山口鍊男도 이듬해 사망해 이 사건으로 사망자는 총 3명이 되었다. 사망자 및 부상자들의 명단과 인적사항은 다음과 같다.

사망자

- 경기도 순시 스에히로

- 『오사카아사히 신문』 경성특파원 다치바나

- 『오사카아사히 신문』 경성특파원 야마구치

부상자

- 본정本町 경찰서장 오무다小牟田十太郎

- 동 경찰서 경부 권오형權五衡

- 동 경찰서 순사 박정화朴貞和

- 종로경찰서 순사 야스타케安武政一

- 동 경찰서 순사 박완식朴完植

- 『조선신문』 기자 구와다리久渡幸太郎

- 철도관리국장 구보久保要藏

- 철도관리국 운수과장 안도安藤友三郎

- 동 촉탁 노즈野津要太郎

- 육군 소장 무라다村田信乃

- 『경성일보』 기자 다케이竹井延太郎

- 미국인 W.P 해리슨 부인(동양을 여행중이던 뉴욕 시장의 딸)

- 고양경찰서 순사 박성팔朴聖八

- 차부車夫 성대호成大鎬, 곤도近藤龜吉, 이와오岩尾茂, 박홍식朴弘植, 엄인서嚴寅瑞, 박재인朴在仁, 황춘엽黃春燁, 이백손李百孫, 이장룡李長龍

- 총독부 속屬 이제키井關重俊

- 개성군 남면 후석리 양창화楊昌華

- 순사 지광연池光淵, 백은기白殷基
- 경부 김태석金泰錫
- 총독부 마정馬丁 가토加藤順一郎
- 이왕직 사무관 이원승李源升
- 총독부 고원雇員 니시타西田國吉, 모리시타森下男, 야마우치山內虎雄
- 경성감옥 수업수授業手 노가타野方一三郎

 한편 사건 발생 직후 경찰은 현장에서 범인 색출을 위해 노력하였으나 범인 검거에는 실패하였고 아무런 증거물도 확보하지 못했다. 결국 초동수사에 실패한 경찰은 본정本町경찰서에 수사본부를 구성하여 현장에서 체포한 용의자를 대상으로 범인 색출에 나섰다. 일황을 대리해 식민지 조선을 통치하는 조선 내 최고권력자인 조선총독에 대한 일대 '불경사건'인 만큼 경찰로서는 명예와 관직을 걸고 사건 수사에 착수한 것이다.
 그러나 경찰은 사건 발생 열흘이 넘어서도 수사의 단서조차 잡지 못해 전전긍긍하고 몇몇 용의자를 잡아 심문하였으나 이렇다 할 성과를 얻지 못했다. 상황이 이렇게 되자 일제는 수사를 국외로까지 확대해 나갔다. 대표적으로 일본에 체류 중인 조선인 유학생과 노동자들에게까지 의혹의 시선을 감추지 않았다. 사건 발생 후 도쿄 경시청 특별고등과에서는 이시이石井 과장 등이 관방 주사실에서 장시간 의논한 후 각 방면에 대한 탐문활동을 개시했다. 이들이 주목한 대상은 조선인 노동자와 유학생들이었는데, 그 가운데서도 특별 감시대상으로 삼은 집단은 유학생

| 2·8 독립운동을 주도한 동경유학생

들이었다. 조선인 유학생들은 연초인 2월 8일 전격적으로 '독립선언서'
를 발표한 적이 있었기 때문이다.

당시 유일한 신문인 총독부 기관지 『매일신보』는 특정인물을 공개적
으로 폭탄사건의 혐의자로 몰면서 연일 기획기사를 내보내 독자들의 시
선을 끌었다. 『매일신보』가 혐의자로 지목한 사람은 전영작田榮爵(36세)·
정재화鄭在華(56세) 두 사람이었다. 이들이 혐의를 받은 이유는 사이토 총
독이 8월 31일 오사카에 도착했을 때 조선인 대표로 환영하겠다고 하면
서 24일 이래 오사카호텔에 투숙하였고, 이후 총독이 오사카를 출발했
다는 소식을 듣자마자 다시 교토京都로 가서는 이후 종적을 감췄다는 것
이다. 특히 이들은 오사카에 머물 당시 오사카 거주 조선인 두어 명과

비밀회합을 가진 것으로 드러나 경찰에서 이들에 대해 수사를 벌이고 있다고 보도했다. 『매일신보』가 의혹의 인물로 제기한 정재화는 중화 민국 전 총리 왕사진王士珍의 비서관 출신으로, 전영작은 무역상으로 각각 알려진 인물이었다. 전영작은 9월 3일 부산에서 사기혐의로 체포, 8일 서울 경찰서로 호송돼 조사를 받았다. 그러나 그는 남대문역 폭발사건과는 무관한 인물로 밝혀져 결국 해프닝으로 끝나고 말았다.

콜레라에 폭풍우 피해까지

폭탄사건으로 정국이 어수선한 와중에 9월 초 조선은 콜레라와 초가을에 몰아닥친 폭풍우로 인심이 극도로 악화되어 있었다. 이 무렵의 콜레라는 중국 국경 방면과 일본 본토로부터 시작됐다. 폭탄사건이 발생한 9월 2일자 『매일신보』 보도에 따르면, 중국 안동현安東縣에서는 콜레라 환자가 걷잡을 수 없이 퍼져 일황의 생일인 8월 31일 천장절天長節 기념행사도 제대로 치르지 못했으며, 따롄大連 방면에서는 중국인 사망자가 하루에 10~20명에 달하는 정도였다. 또 북경에서는 스페인 공사公使가 이 병에 걸려 중태라는 소문이 있어 인근에 있는 일본공사관·일본우편국 등에서 엄중 경계를 펴고 있다고 전했다.

9월 3일자로 당국이 취합한 관서지역 콜레라 환자 발생 통계에 따르면, 개성 3명, 의주 9명(조선인 7명, 중국인 2명), 박천 7명, 영변 3명, 창성 1명, 태천 1명, 용천 23명, 용강 1명, 황주 37명(일본인 4명, 조선인 32명, 중국인 1명), 봉산 1명 등이다. 이 가운데 황주군에 다수의 콜레라 환자

가 발생한 것은 인근 겸이포兼二浦에 콜레라 환자가 급증했기 때문이라고
했다.

서울에 콜레라 환자가 발생한 것은 3일 저녁이었다. 시내 서계동에
거주하는 40대 남자가 국수를 먹은 뒤 구토 증세를 보여 병원에서 진찰
한 결과 콜레라가 의심된다는 판정을 받고 즉시 경찰서에 신고한 후 콜
레라 감염 유사자로 분류돼 즉각 순화원(대한제국과 일본 통감부가 협약하여
설립한 병원)에 수용되었다. 이를 계기로 서울의 마포·용산에서는 콜레
라에 대비해 방역을 서둘렀으며 일부 독지가들이 방역성금을 내기도 했
다. 콜레라는 조선인과 일본인을 구분하지 않고 발병하는 만큼 일제는
자국민 보호를 위해서라도 적극적인 예방책을 펼 수밖에 없었는데, 나
중에는 일반인들에게 무료로 예방주사를 놔주기도 했다.

경기도·평안남북도 등 관서지역에서 시작된 콜레라가 서서히 전국
적으로 확산되는 가운데 사망자도 속출하였다. 9월 4일 총독부 경무국
에서 집계한 자료에 따르면, 콜레라 발생자는 486명, 그 가운데 사망자
는 173명으로 나타났다.

경기도 : 발생 22명, 사망 14명

평안북도 : 발생 241명, 사망 106명

평안남도 : 발생 80명, 사망 37명

황해도 : 발생 48명, 사망 24명

경상남도 : 발생 1명

이 수치는 불과 6일만에 두 배로 늘어났다. 10일자로 경무국이 집계한 결과에 따르면, 전국에서 발생한 콜레라 환자는 983명으로, 이 가운데 441명이 사망한 것으로 나타났다. 조선 전역이 콜레라 공포에 휩싸였다. 신문에서는 연일 후속보도를 내면서 환자 발생 실태를 전했으나 일제로서도 마땅히 손을 쓸 형편이 되지 못했다. 특히 다수의 콜레라 환자가 발생한 겸이포는 생지옥의 땅으로 변하고 말았다. 콜레라 관련 보도는 더위가 수그러지는 9월까지도 계속되다가 10월 들어 마침내 기세가 꺾였는데 그 피해는 실로 엄청났다. 10월 2일자 경무국 조사를 보면, 환자가 처음 발생한 이후 그동안 발생한 환자는 모두 1만 3,275명이며, 이 가운데 사망자는 8,040명에 달했다.

조선 전역이 콜레라 공포로 떨고 있는 가운데 엎친 데 덮친 격으로 이번에는 폭풍우가 곳곳을 강타해 재산피해와 적지 않은 이재민을 발생시켰다. 폭풍우 피해는 서울이 제일 컸다. 서울 일대에 몰아친 폭풍우는 3일 저녁 8시부터 4일 새벽 2시까지 7시간 정도 지속됐는데, 그 피해는 엄청났다. 종로통의 전신주가 뽑혀 전화 불통은 물론 전차 통행이 중단되었다. 서울 시내 절반은 삽시간에 암흑천지로 변해 버렸다. 폭풍에 전신주가 뽑힐 정도였으니 도로변의 가로수가 뽑힌 것은 말할 것도 없고, 일부 민가가 무너져 인명피해도 속출했다. 민간의 피해만이 아니었다. 당시 용산에 신축 중이던 야포병 공사工舍가 간밤의 폭풍우에 무너졌으며, 부천 소사역 내 시설물 일부가 파손됐고, 경원선 철도가 연착되기도 했다.

폭풍우 피해는 비단 서울만이 아니다. 인근 인천에서도 마찬가지였다. 가옥이 무너지고 가로수가 뽑히고 교통장애가 발생한 것은 물론 선박이 전복, 침몰하는 사고가 발생했다. 또 개성과 서흥에서는 농작물이 큰 피해를 입었으며, 성천에서는 성천강이 범람해 주택 100여 호가 침수되었다. 이 밖에도 경기도 수원·충남 공주·강원 춘천·함남 함흥 등지에서도 폭우로 가옥이 침수되거나 농경지가 유실되는 피해가 발생했다. 이같은 불가항력의 자연재해로 인해 조선 백성들의 삶은 더욱 힘들고 피폐해져 갔다.

한편 남대문역 폭탄사건은 사건 발생 열흘이 지나도록 여전히 미궁인 채 영구미제사건으로 남는 듯했다. 사건 이후 언론의 관련보도도 거의 나오지 않았다. 물론 경찰이 수사중이었고, 또 일제가 시국사건에 대해서는 철저한 보도통제를 했지만 대형 '불경사건' 치고는 너무나 조용했다. 관련보도래야 사건 당시 현장에서 변을 당한 중상자 가운데 첫 사망자가 났다는 소식이 13일자 신문에 실린 정도였다. 보도에 따르면, 피해자 가운데 한 사람인 스에히로末弘又二郎 경기도 순시가 11일 오후 2시반경에 결국 사망했다. 그는 사건 당일 남대문역에 사이토 총독 출영차 나간 마쓰나가松永武吉 경기도지사에게 급한 서류를 가지고 나갔다가 변을 당했다. 그는 폭발사고 당시 왼쪽 대퇴부에 파편을 맞고 병원으로 후송돼 치료를 받아 왔는데, 파편 부작용으로 패혈증을 일으켜 결국 사망했다. 그의 장례식은 이튿날 오후 4시 반 시내 본원사에서 치러졌다.

2
사건의 범인은 백발의 투사

　범인을 잡지 못한 채 시간이 지나면서 일제는 당혹감을 감추지 못했다. 부임 일주일 뒤인 9일 사이토 총독은 왜성대 총독관저에서 제1차로 총독부 고관 및 군 수뇌들을 초청해 피로연을 열었다. 사이토 총독의 인사말이 끝나자 우쓰노미야宇都宮 조선군사령관은 폭탄 투척 사건을 거론해 좌중을 긴장시켰다. 이어 10일에는 조선인 고관대작 등 민간 측 유지 100명을 초청, 제2차 피로연을 열었는데 이 자리에 참석한 조선인 친일파들은 하나같이 마치 자신이 죄인인양 사이토 총독 앞에서 고개조차 들지 못했다.

　결국 총독부 당국은 분위기 쇄신에 나서 17일자로 폭탄 투척 사건의 특별수사본부가 차려진 본정경찰서의 책임자를 전격 교체하였다. 본정서장 오무다小牟田 경시警視는 경기도 제3부 근무로 발령이 나고 대신 그 자리에는 총독부 경무국에 근무 중이던 치다千田 경시가 새로 부임했다. 오무다 서장은 폭탄이 터진 당일 현장에서 경비업무를 지휘하다가 폭탄 파열로 중상을 입었다. 그는 대퇴부 두 군데 폭탄의 파편을 맞았고, 찰

과상도 두 군데나 입었으며, 특히 오른쪽 귀 고막이 파열되기도 했다.

총독부는 또 돌연 '시국강연회' 계획을 들고 나왔다. 총독부는 각 도에 통첩을 보내 각 도마다 조선인 명망가 4명씩을 선발·동원하여 9월 20일부터 1주일간 중추원에서 특별 시국강연회를 열 계획이라고 밝혔다. 강사로는 총독부 경무국 사무관 구연수具然壽·중추원 찬의贊議 유맹劉猛·야마가타山縣『서울프레스』사장 등 3명이었다. 이들의 임무는 지역 유지들에게 이번 폭탄 투척 사건이 일반 조선민중의 뜻이 아니라는 것을 역설하는 것이었다. 실제로 강사 가운데 한 사람인 구연수는 『매일신보』기자에게 그런 주장을 편 바 있는데 구연수는 친일경찰 출신이다.

이번 폭탄사건은 참 어떻다 할 수 없는 불상사이올시다. 그러나 총독 일행의 신변에는 하등 별고가 없음은 불행 중 다행이라고 하겠소. 올 봄 이래로 발발한 소요사건은 이미 진정된 금일에 또 이번과 같은 불상사가 돌발한 것은 우리 조선인 동포를 위하여 심히 유감으로 생각하는 바이오. …… 이와 같이 좋은 총독을 환영함에도 불구하고 착임着任하는 총독에게 흉폭을 감행함은 가장 어리석은 행위로 …… 이번 폭탄사건을 조선인 일반의 의사意思로 나옴과 같이 생각함은 큰 오해인 줄 생각하오니 이 폭탄사건은 어리석고 몽매한 일부 불령배의 행동이오, 결코 조선인 일반의 의사는 아니며, 특히 신문기자 가운데 중상자가 발생함은 우리 조선인을 위하여 몹시 탄식하지 않을 수 없노라.

폭탄사건의 범인은 백발의 강우규

그러던 중 사건 발생 한 달 5일만인 10월 7일자 신문에 당국이 범인을 체포했다는 기사가 대서특필됐다. 당국이 발표한 내용에 따르면 남대문역 폭탄 투척사건의 범인은 65세의 강우규姜宇奎로, 지난 9월 17일 서울 시내 누하동에서 본정本町경찰서 경찰관이 체포하였으며 그간 경찰서에서 조사를 마치고 검사국으로 넘겼다고 밝혔다. 조선 최고통치권자인 총독을 겨냥해 폭탄을 던져 일제와 사람을 놀라게 했던 폭탄사건의 전모가 마침내 세상에 드러난 것이다.

사람들이 특별히 주목한 점은 폭탄사건의 범인이 환갑을 넘긴 65세의 노인이라는 점이었다. 이 날 신문에는 강우규의 얼굴 사진이 처음 공개됐는데, 흰 두루마기 차림에 머리칼과 수염 모두 흰색이었다. 통계청 자료에 따르면 1960년 당시 한국인의 평균수명이 남자가 51.1세, 여자가 53.7세였으니 의거 당시 강우규는 평균 수명을 훌쩍 넘어선 노인이었다고 할 수 있다.

『매일신보』가 전한 일제의 발표내용 중 일부를 옮기면 다음과 같다. 먼저 강우규의 간략한 이력사항 부분이다.

폭발탄을 던진 범인 강우규는 당년 65세의 노인으로 평안남도 덕천德川에서 출생하여 어렸을 때 글방에서 한문을 공부한 이외에는 아무 학력이 없으며, 중년에 예수교 장로교회에 입교入敎하여 지금까지 그 종교를 믿는 중이며, 삼십여 년 전에 함경남도 홍원洪原으로 이사하여 그곳에서 거주하다가 그 후, 즉 십년 전에 북간도 도두구道頭溝로 이사하였다가 4년 전에 다시 중국 길림성 요하현遼河縣으로 이사하여 사립학교를 설립하고 청년 자제를 교육하며 한편으로는 예수교를 전도하였으며, 블라디보스토크 근방으로 돌아다니며 오로지 일본을 배척하는 사상을 고취하기로 일을 삼았으며, 항상 과격한 조선인과 서로 교제하며 오랫동안 벽지僻地에 있어서 조선 사정을 잘 알지 못하는 자이다.

| 강우규 수감 당시 모습

다음은 강우규가 거사를 도모한 배경 설명 부분이다.

금년 봄 3월에 손병희孫秉熙 등이 조선독립을 선언하고 소요를 일으키자 이에 응하여 사방에서 일어나자 강우규의 거주지인 길림성 요하현 부근에 있는 조선이 이미 독립된 줄로 믿었다가 그 일이 허사임을 알고 통분함을 마지 아니 할 때 당시 블라디보스토크에 거주하던 완고한 노인들이 조직한 이른바 노인단(노인동맹단)에서 이동휘李東輝 부친 이발李撥 이하 7명이 대표자가 되어 조선으로 건너왔으나 아무 일도 하지 못하고 서울 종로에서 제 목을 제 손으로 찌르고 관헌에게 붙들린 후 경찰서에서 독립운동이 무모함을 깨닫고 무사히 돌아가매 강우규는 …… 늙은 팔을 뽐내며 얼마 남지 않은 생명을 한번 던져서 이름을 천하에 드러내리라 하고는 기회를 엿보던 중 마침 장곡천長谷川 총독이 갈린다는 말을 듣고 새 총독이 부임하는 때 한번 큰일을 해 보면 일이 만일 실패로 돌아갈지라도 이름은 세상에 드러나리라 하고 결심을 한 모양이더라.

마지막으로, 의거 당일 상황과 체포 경위에 관한 내용이다.

강우규는 지난 9월 2일 오후 5시에 새 총독이 남대문(역)에 도착하자 이보다 먼저 환영하는 사람과 구경꾼 틈에서 구경꾼인 체하고 미리 준비한 폭발탄을 가지고 남대문역 귀빈실 현관에서 인력거와 구경꾼이 늘어선 곳에 가까이 서서 신문에서 본 총독의 얼굴을 기억하고 새 총독이 귀빈실에서 나와 마차를 타려고 하는 것을 보고 가지고 있던 폭발탄으로 총독을 겨눠 던졌으나 총독이 무사하였음을 보고 낙심천만하여 그곳에서 도망하여 잠시 서울 시내에 잠복하려고 수염을 깎고 복식을 고치고 이름을 강영일姜寧一이라고 가칭假稱하고 이곳저곳으로 교묘히 피하여 다니다가 드디어 9월 17일 누하동에서 체포되어 본정경찰서에서 취조중이더니 이번에 검사국으로 넘어 갔다더라.

일제 경찰이 발표한 내용을 보면 강우규가 조선 정세에 무지하고 또 자신의 이름을 드러내기 위해 공명심에 불타 거사를 도모한 것으로 돼 있다. 이는 일제의 전형적인 선전수법으로, 일제는 조선인 항일운동가를 흉악범이나 강도, 또는 테러분자로 규정했다. 일제로서야 이들을 그렇게 볼 수밖에 없었다고 하겠지만 일본 군국주의 세력에게 나라를 빼

강우규와 증인 두 사람(『매일신보』 1919. 10. 12)

앗긴 조선인으로서는 나라를 되찾기 위해 비무장, 무장, 혹은 의열투쟁 등 온갖 수단을 동원해야만 하는 입장이었다고 할 수 있다.

한편 강우규가 백주 대낮에 거사를 결행하고도 현장에서 체포되지 않은 것은 당시 현장에서 경찰들이 고령의 강우규를 범인으로 주목하지 않은 탓도 있지만, 유력한 목격자가 있었음에도 불구하고 경찰이 그의 제보를 경청하지 않은 때문으로 보인다. 일제 경찰의 발표로 사건의 전모와 범인이 공개되자 사건 당시 현장에서 범인을 목격했다고 주장하는 사람이 나타났다. 그는 남南만주철도회사 경성관리국 소속 열차 급사 오노大野次郎(18세)였다. 다음은 그가 전한 당시의 목격담이다.

나는 당일 비번이어서 새 총독의 얼굴과 풍채를 구경하려고 (5시)정각 전부터 다방 입구 부근에 쌓아 놓은 벽돌 위에 올라서서 총독이 도착하기를 기다리고 있었다. 내 곁에 약 20명의 구경꾼이 있었으나 그중에 범인이 있었다는 것은 뜻밖의 일이다.

범인이 폭탄을 던지고 나서 얼마동안을 우두커니 서서 결과를 보고 있으므로 나는 견디다 못해 뛰어 내려가서 한 순사를 보고 '범인이 저기 있소!' 라고 일러주었으나 그 순사는 '(순사)부장에게 말하여라' 하고 범인을 찾을 생각도 아니하므로 '잘못 잡아도 관계치 않으니까 잡으시지요' 하고 나는 다시 재촉하였다. 그러나 그 순사는 여전히 머뭇머뭇할 뿐이었다. 범인은 얼굴빛 하나 고치지 아니하고 끝까지 결과를 보다가 그만 군중 속으로 몸을 감추기에 나는 공연히 아무 뜻도 없이 범인을 따라 갔다. 범인이 슬금슬금 남대문통通으로 들어서서 열병閱兵이 서 있는 뒤로 천천히 걸어갈 적에 군중들이 와! 소리를 치며 뒤범벅이 돼 소동이 일어나 아쉽게도 범인을 놓쳐 버리고 말았다.

범인의 인상과 풍채는 나이 오륙십 가량의 노인으로, 흰 수염에 푸른 얼굴을 가진 조선 노인인데 흰 두루마기를 입고 오른손에는 양산을 들고 왼손에는 손수건을 들었었다. 나는 범인을 놓친 후에도 근처에 있을 줄 알고 남대문 안으로 들어서서 이리저리 둘러보는 차에 남산공원에서 내려오는 길로 내려오는 사람이 있어 본 즉, 아까 종적을 놓친 범인인데 어떻게 되었는지 두루마기가 박박 찢어져 있었다. 나는 다시 가만가만히 그의 뒤를 따라서 조선공론사 앞에 와서야 한 순사를 만나 이 사실을 말하였으나 '남대문에는 순사와 헌병이 많이 있다. 만약 큰 일이 발생하였으면 벌써 잡혔을 것이다' 하며 들은 척도 하지 않았다.

목격자의 증언은 상황설명이 대단히 구체적인데다 사건 발생 당시 그가 자리했던 위치로 볼 때 증언내용은 신빙성이 아주 높아 보인다. 이 증언 내용은 나중에 강우규가 재판과정에서 진술한 내용과 비교해 볼 때 상당부분 일치하는 것으로 확인되었다. 현장을 빠져나와 자리를 옮기던 도중 미행하는 자가 있었다는 점 그리고 미행자를 따돌리고 나서 수염을 깎은 점 등은 강우규의 경찰 진술내용과 일치하는 대목이다. 당일 현장의 경찰들이 목격자가 두 차례에 걸쳐 끈질기게 제보를 했음에도 불구하고 이에 귀 기울이지 않음으로써 수사가 장기화된 것은 물론 무고한 사람들이 혐의자로 몰려 경찰에 끌려가 혹독한 조사를 받아야만 했다. 당일 거사가 불발로 끝난 것을 아쉬워하며 현장을 빠져나와 몸을

| 강우규 의사 체포 기사(『매일신보』 1919. 10. 9)

숨긴 강우규는 이 점을 못내 안타까워 했었다.

　한편 의거 후 사람들이 놀란 것은 강우규가 고령이었다는 점 이외에도 하나 더 있었다. 바로 강우규가 던진 폭탄의 위력이었다. 사이토 총독을 처단하지는 못했지만, 그가 탄 마차 주변의 사람들 가운데 37명이 폭탄 투척으로 인해 죽거나 다쳤다. 참고로 강우규의 1심 판결문에 따르면, 이들 이외에도 피해자가 더 있었던 것 같다. 예를 들어 백준기白駿基는 자작 민병석閔丙奭을 경호하기 위해 당일 남대문역 귀빈실 입구 왼쪽 목책木柵 밖에서 경비를 하던 중 폭발물에 눈을 다쳐 치료를 받았다. 폭탄의 위력으로 봐 당일 강우규가 조금만 더 마차 가까이 폭탄을 던졌다면 사이토 총독도 죽거나 아니면 크게 다쳤을 것이 분명하다.

　사건 전모를 공개하면서 경찰은 폭탄의 위력 등에 대해서도 자세히 밝혔다. 그에 앞서 9월 15일 중국 펑티엔奉天 시내 대성여관에서 조선인 전성인田誠忍씨가 소지하고 있던 폭탄이 터져 전씨가 현장에서 급사하는 사건이 발생했다. 경찰은 이 사건이 남대문역 폭발사건과 어떤 관련성이 있을 것으로 보고, 경기도 경찰부 소속 오카모토岡本 고등경찰 과장을 현지에 급파했다. 그러나 조사결과 강우규가 사용한 폭탄은 펑티엔 현지에서 압수한 폭탄과 다른 최신형 폭탄으로 밝혀져 결국 두 사건은 별다른 관련성이 없는 것으로 최종 판명됐다. 전씨 사고 직후 오카모토 과장이 봉천에서 압수한 세 종류의 폭탄들은 모두 유리관에 초산을 넣고 다시 빗구린신酸과 탄편彈片을 많이 넣은 것이 특징이었다.

　반면에 강우규가 사용한 폭탄은 여러 가지 면에서 차이가 있었다. 우선 폭탄의 제원은 길이가 약 2촌寸 5~6푼, 형태는 타원형, 재질은 금속

제였으며 겉에는 비늘과 같은 장치를 하였고, 한쪽에는 화약 장치구를, 다른 한쪽에는 발화기와 안전장치를 갖추고 있었다. 그리고 이 모두는 나사로 만들어져 있었는데, 던질 때 양쪽에 있는 나사를 헐겁게 하고 내부에 있는 유리판을 통하여 약품을 넣고 거기에 탄약을 넣어 던지면 폭발할 때 속에 넣어둔 탄알과 겉에 싼 비늘 같은 쇠 조각이 사방으로 흩어져 인명을 살상토록 만든 것이었다. 결국 강우규가 사용한 폭탄이 제조법 면에서 펑티엔 폭탄보다는 매우 정교하다는 것이 폭탄전문가들의 분석이었다.

강우규의 의거는 일제의 간담을 서늘하게 하는 한편 식민치하에서 고통 받고 있던 조선인들에게는 통쾌한 일이 아닐 수 없었다. 당시 평안북도 지사가 보고한 '폭탄 범인 강우규에 대한 감상'이라는 제목의 고등경찰 문서(1919년 10월 21일자, 고경高警 제29831호)에는 당시 이 지역의 민심이 잘 드러나 있다.

지난번 신문지상에 발표된 바 있는 총독에 대한 폭탄 투척 범인 강우규에 관하여 평안북도 철산군 지방에서의 유식 계급자 간에는 범인 강우규는 그 경력으로 보더라도 털끝만큼도 비난할 만한 것이 없으며, 더욱이 나이 60을 넘긴 노구를 이끌고 멀리 블라디보스토크로부터 서울에 잠입하여 신임 총독의 착임을 기하여 남대문 역두에서 벽력 일성의 폭탄을 투하하였음은 그 용장자勇壯者를 능가한 우리 조선민족의 실로 통쾌사라 할 수 있다. 가령 극형에 처하여 형장의 이슬로 사라질지라도 그 위훈은 조선민족의 뇌리에 깊이 새겨질 것이며, 우리 역사상 길이 한 토막의 미담으로 전해질 것이라고 이를 찬양하는 언동을 한 자 있다.

한편 이런 와중에도 크고 작은 각종 사건이 연일 발생하는 가운데 3·1만세의거 참가자에 대한 재판도 8개월째 이어졌다. 11월 6일 오전 9시 반부터 경성지방법원 제7호 법정에서는 3·1만세의거에 참가했던 조선인 학생들에 대한 선고공판이 열렸다. 이날 실형 선고를 받은 학생들은 3월 1일 만세의거 발발 당일부터 5일까지 서울 및 각 지방에서 시위에 참가했다가 구속된 학생들로 그 수가 무려 240명에 달했다. 이렇게 많은 인원이 한꺼번에 재판을 받은 경우는 조선에서는 처음 있는 일이었다. 이들은 수감중이던 서대문감옥에서 마차나 혹은 자동차로 출정하였는데, 법정에는 한국인과 미국인 등 약 30명이 방청석에서 재판을 지켜보았다.

이 재판은 대상 인원의 규모도 그렇지만 다른 면에서도 몇 가지 신기록을 세웠다. 우선 경찰과 검사국이 작성한 사건기록이 1만 5,000매, 법원이 작성한 것이 1만여 매로 전체 분량은 약 2만 5,000여 매에 달했다. 또 9월 15일 예심을 마치고 열흘 뒤인 9월 25일 제1회 공판을 개시한 이래 총 14회의 공판과 24인의 변호사가 변론에 나섰다. 이 밖에도 공판 시말서가 2천여 매, 판결문이 300여 매, 압수한 증거물이 463점에 달했다. 외형으로만 봐도 실로 어마어마한 사건이었다. 이날 재판에서 최고형을 받은 사람은 징역 3년을 선고받은 이종린李鍾麟·장종진張宗鎭 등 2명, 나머지는 징역 2년에서부터 징역 6개월을 선고 받았으며, 송주헌宋柱憲 등 3명은 무죄 선고를 받았다.

피고 학생들을 학교별로 보면, 경성의전 32명, 경성고보 29명, 보성고보·중앙학교·공업전문학교 3개교가 각각 13명씩, 세브란스·연합의전·경성전수학교·조선약학교·배재고보 등 4개교가 각각 10명씩, 선린상업·중동학교·경신학교·연희전문·이화학당 등 5개교에도 피고 학생들이 있었다. 다시 이들을 종교별로 보면, 예수교인이 120명, 천도교인이 60명, 유교 10명, 무종교 50명 순이었다. 이들 가운데는 이미 직업을 가진 사람들도 있었다. 승려가 4명, 목사 5명, 전도사 4명, 교사 4명, 전 순사보補 1명인데 목사 중에는 미국 시카고대학 졸업자가 2명이나 포함돼 있었다.

'공범' 8인의 신상명세와 행적

한편 강우규 사건은 검사국 및 법원의 취조 등 사법기관 내부에서 절차가 진행되고 있었던 관계로 일반인들에게는 거의 노출되지 않고 있었다. 그리고 경찰에서는 공범 혐의자 11명 가운데 8명을 체포하여 조사를 벌이고 있었다. 1919년 10월 5일자 고등경찰 제28453호 '총독에 대한 흉행兇行 범인 체포 건' 비밀문서에는 강우규를 비롯해 공범 혐의자 8명의 인적사항과 사건 관련내용이 나와 있다. 이들 가운데 최자남·허형(일명 허일영) 두 사람은 유죄판결을 받았으나 나머지 6명은 풀려났다.

체포   상업 최자남崔子南 및 동인의 처妻 42세

출생지	황해도 재령군 석률면石栗面 구작동舊作洞
본적	경성부 남대문통 5정목丁目 75번지

체포	목사 박정찬朴貞燦 58세
출생지	평안남도 평원군 용흥면龍興面 임당리林堂里
본적	경성부 남대문통 5정목 75번지
주소	함경남도 원산부 광석동 28번지

체포	무직 허일영許一英 26세
본적	평안남도 안주군 안주면安州面 건안동建安洞 312번지
주소	경성부 안국동 96번지 이도제李道濟 방

체포	의학전문학교 생도 오태영吳泰泳 25세
본적	함경남도 정평군 내면內面 문봉리文鳳里
주소	경성부 안국동 96번지 이도제李道濟 방

체포	약사 박태희朴泰熙 24세
본적	함경남도 함흥군 장원면長原面 양동리陽洞里
주소	함경남도 원산부 구제병원 내

체포	간호부 탁명숙卓明淑 24세
주소	경성 남대문 외 예수교 장로감리연합경영長老監理聯合經營 세브란

스병원 내

본적   함경남도 정평군 부내면^{府內面} 원홍리元興里 70번지

체포   양정養正학교 3학년 생도 장지상張之相 21세

주소   경성부 가회동嘉會洞 182번지 장익규張翊奎 방

체포   원元 학교 교사 한은철韓殷哲 27세

본적   평안북도 원산군 동신면東新面 좌동佐洞

체포   한기동韓基東 26·27세

본적   평안남도 평양(이하 미상)

체포   이신애李信愛 22, 23세

본적   함경남도 원산부

이들의 사건 관련 내용을 살펴보면 다음과 같다.

최자남崔子南은 지금으로부터 약 10년 전 상업차 블라디보스토크에 도항하였다가 2~3년 전에 귀향한 자로서, 약 4년 전 노령 니콜리스크 거주 당시 강우규는 약 4개월간 최자남의 집에서 체류한 일이 있다. 강우규와 그 당시부터 아는 사이로 이번에 흉행兇行 전에 최자남의 집에 체류하면서 동인에게 흉행에 가담할 것을 권유한 사실이 있으며, 또 강이 흉

행의 목적으로 가지고 있는 폭탄을 은닉하여 준 사실도 있다. 더욱 이번에 강우규의 부탁을 받고 블라디보스토크에 가서 신한촌新韓村 거주 노인단원 강모康某를 방문하여 노인단 대표증代表證이라는 것을 얻어 오려고 하였으나 동인이 부재중이므로 한모韓某로부터 얻어 온 사실도 있다. 최자남은 흥행 가담을 권유받았으나 이를 거절하였으며, 또 블라디보스토크에 간 것은 최봉숙崔鳳淑이라는 자에게 차대금借貸金의 상환을 요구하기 위하여 가는 길에 강우규의 부탁을 받고 '노인단 대표증'을 얻어 왔다고 말하고 있으나, 더욱 취조를 계속해 보면 그 진상이 판명될 것이다.

앞의 '노인단'이라는 것은 1919년 3월 1일 조선에서의 소요 발생 후에 블라디보스토크에 거주하고 있는 불령선인不逞鮮人 김치보金致寶·윤여옥尹余玉의 발기로 46세 이상의 남녀로서 독립운동 원조를 목적으로 조직된 것으로서, 이동휘李東輝 부친 승교承喬 이발李撥 외 4명은 노인단 대표자로서 서울에 와서 5월 31일 아침 종로통 보신각 앞에서 각자 휴대한 구한국기舊韓國旗를 휘두르며 만세를 부르고 이발은 작은 칼로 목을 찔러 자살하려고 기도함으로써 이발 외 2명에 대해서는 간곡히 설득하여 귀환시키고 안태순安泰純(안중근의 백부) 외 1명은 개전의 기색이 없으므로 사법 처분한 사실이 있어 이번 흥행사건은 노인단과 밀접한 관계가 있지 않나 추측된다.

박정찬朴貞燦은 지금으로부터 20년 전 예수교 장로파 신도가 되어 약 10년 전에 목사가 된 자로서, 서울 남대문 밖 소재 장로·감리연합 경영 세브란스병원 내 교회당 주임목사였던 일도 있다. 목하 순회 포교의 임무를 맡고 있으나 1917년 11월 블라디보스토크에 가서 작년 8월 귀환하여 9월 재차 간도를 경유하여 블라디보스토크에 갔다가 10월에 다시 귀환한 일이 있다. 이번 흉행사건 전에 원산 장로 교회당 및 경성부 관철동 신행여관信行旅館에서 누차 강우규와 밀회하여 무슨 일인가를 협의한 사실이 있다.

허일영許一英은 경성부 안국동 65번지 이도제李道濟 집에서(날짜 미상) 이동휘(노령 지방 배일 선인의 괴수)로부터 경상북도 거주 최익선崔益善 앞으로 '우리들의 행동을 찬조하여 독립운동 자금을 송부하여 달라'는 내용의 서한을 강우규로부터 수령하여 이를 오태영吳泰泳에게 교부한 사실이 있다. 또 본인은 강우규의 심부름으로 박태희朴泰熙의 집에 간 일도 있다.

오태영吳泰泳은 1919년 3월 소요 이후 소요사건에 관하여 서울에서 검거되어 목하 보석중인 자이나, 9월 10일경 허일영許一英으로부터 수령한 서한을 가지고 경주에 가서 최익선에게 교부한 사실이 있다.

박태희朴泰熙는 강우규로부터 비밀의 서한을 받은 사실이 있다. 이 서한을 서울로부터 원산으로 가지고 간 인물은 허일영으로서, 당시 허許는 그들의 동지임을 증명하기 위하여 강우규로부터 '원'이라는 암호를 종이쪽지에 기록한 것을 받아 박태희에게 보인 사실이 있다.

탁명숙卓明淑은 1919년 3월 서울에서 소요에 가담하여 목하 보석중인 자이나, 강우규를 은닉할 목적으로 9월 13일 경성부 누하동 136번지 임재화林在和에게 소개하여 그의 집에 숙박하게 한 자이다.

장지상張之相은 오태영의 부탁을 받고 강우규를 9월 7일부터 11일까지 그의 숙부가 되는 경성부 안국동 182번지 장익규張翊奎 집에 은닉한 혐의가 있는 자이다.

한은철韓殷哲은 서울 오성五星학교 졸업생으로서 향리에서 사립 운신雲新학교 교사로 봉직 중 폐병으로 인하여 금년 4월 요양하기 위하여 서울을 출발, 함경남도 석왕사 봉업여관逢業旅館에 투숙 중 당시 원산에 있는 강우규와 연락한 자로서, 사건의 관련 여부를 의심하고 있는 자이다.

한기동韓基東 및 이신애李信愛는 강우규 입경 후 누차 동인을 방문한 사실이 있으나 현재 소재 불명인 자이다.

한편 강우규에 대한 예심豫審이 진행중이던 11월 18일 경성지방법원 나가시마永島雄藏 예심판사는 현장검증을 마치고 사건의 진범을 강우규로 확신하였다. 그리고는 12월 중에 사건 취조를 모두 마치고 공판에 부칠 계획을 세워놓고 있었다. 그러나 예기치 않은 상황이 발생하여 연내에 종결하려던 예심이 이듬해로 넘겨질 공산이 커졌는데, 사안은 비교적 간단한 것이었다. 예심 재판부에서 강우규가 의거 때 사용한 폭탄 감정을 위해 도쿄에 있는 전문가에게 의뢰하였는데, 그가 업무가 과중하여 당초 일정 내에 감정을 마칠 수가 없게 되어 버렸기 때문이다.

앞서 지적했듯이 조선 최고통치자를 처단할 목적으로 감행된 거사였던 만큼 일제가 강우규에게 중형을 선고하리라는 것은 이미 예상된 일이었다. 그러나 연말이 다 되도록 예심조차 끝나지 않은 상황이어서 강우규에 대한 양형量刑 문제는 별로 언급되지 않고 있었다. 그러던 중 강우규의 수감생활 소식과 함께 재판부가 강우규에게 적용할 법규와 양형에 대한 언급이 처음으로 언론에 공개돼 세인의 주목을 끌었다. 그리고 강우규에 대한 예심판결은 이듬해로 넘어갈 공산이 더욱 커졌다. 폭탄감정 건 말고도 부상자에 대한 심문조사가 채 마무리가 되지 않았기 때문이었다.

강우규 사건의 예심을 맡고 있던 나가시마 판사는 서둘러 예심결정서를 마무리 짓고 1919년 12월 27일 쯤 발표해 이 사건을 연내에 종결지을 만반의 준비를 다 마친 상태였다. 그런데 이와 함께 마무리되어야 할 것이 부상자 30여 명에 대한 심문이었다. 그래서 법원에서는 사전에 각 관할 경찰서에 해당자에 대한 심문을 지시해 놓았으나 그 결과가 제때 도착하지 않았다. 그런 이유로 연내 예심종결이 현실적으로 어려워졌다. 게다가 연초 휴가가 6일 연휴여서 서두른다고 해도 이듬해 1월 10일 정도나 돼야 발표가 가능할 것으로 전망됐다.

이 무렵 강우규의 감옥생활도 언론에 일부 공개됐다. 신문 보도에 따르면, 강우규와 연루자 3명은 아직 재판을 받지 않은 상태여서 미결수 신분으로 서대문감옥 종로 구치감에 구금돼 있었다. 예수교 신자인 강우규는 매일 성경을 외우며 간수의 말을 잘 듣는다고 전해졌다. 아울러 장차 강우규가 재판에서 적용받을 법규는 '폭발물취체取締규칙'이라고 알려졌다. 이 규칙에 따르면, 비록 미수에 그친 자라고 할지라도 무기형이며, 만약 폭발물을 사용했으나 부상자가 한 사람도 나오지 않아도 사형이 선고된다는 것이었다. 그런데 강우규의 경우 2명의 사망자와 30여 명의 부상자를 냈으니 사형은 당연하다는 것이었다. 그리고 재판부가 수집한 증거로 볼 때 강우규가 진범인 것은 조금도 의심할 여지가 없었다.

한편 당초 나가시마 판사가 예심종결 발표 예정일로 잡았던 1월 10일이 되어서도 부상자들에 대한 심문이 마무리가 되지 않자 판사는 다시 발표일을 1월 20일로 늦추었다. 그러나 이마저도 다시 지연돼 1월 28일에야 비로소 예심종결을 발표하였다. 사건 발생 보름여 뒤인 1919년 10월 20일 기소한 이래 꼬박 100일 만에 예심을 끝마친 셈이다. 이로써 강우규 등 사건 관계자 4명의 '범행' 전모가 만천하에 공개됐고, 이들은 공판에 부쳐졌다. 2월 초 신문보도에 따르면, 이들에 대한 공판은 2월 중에 진행될 것이라고 내다봤다.

예심종결서는 그 전문全文이 1월 30일자 신문에 보도됐다. 주요 골자는 범행을 인정할 만한 증거가 충분한 만큼 피고 강우규는 폭발물취체규칙 제1조 및 형법 제199조, 동 제54조, 피고 최자남은 폭발물취체규칙 제5조, 피고 허형은 폭발물취체규칙 제8조, 피고 오태영은 폭발물취체규칙 제8, 9조를 적용하여 형사소송법 제167조 제1항에 따라 '주문主文' 대로 피고 4명을 경성지방법원 공판에 부친다는 것이다. 이유理由 부분에서 사건의 배경, 경위, 피해자 상황, 사건 이후의 행적 등에 대해 언급하였지만 대체적으로는 약술略述한 것에 불과하다. 자세한 내용은 정식재판의 판결문을 통해서 확인할 수 있다.

　예심이 끝나고 공판을 앞둔 2월 초 강우규의 장남 중건重建(43세)이 멀리 만주에서 부친을 면회하러 상경하였다. 당시 중국 지린성吉林省 요하현遼河縣 중흥동中興洞에서 서울로 올라온 중건은 경성부 교남동 59번지 강봉영姜鳳永의 집에 묵으면서 종로 구치감에 구금이던 부친의 면회를 신청하였다. 다행히 허가가 나서 4일 오후 구치감 접견소에서 부친을 면회할 수 있었다. 시국사범으로 구치감에 갇힌, 환갑이 넘은 부친을 면회하는 자식의 입장은 안타깝기 그지없는 일이었다. 강우규는 근 반년 만에 만나는 장남 중건에게 집안 사정을 물었다.

　"그간 집안에 별고 없었느냐, 작년 농사는 어찌 되었느냐"

　"작년 농사는 아주 대풍작이었습니다"

　강우규는 이 말을 듣고 오랜만에 기쁜 표정을 지었다. 그리던 혈육을 만나 가족의 안부를 전해 듣고, 또 농사가 주업이던 시절 대풍작을 거뒀다고 하니 이보다 더 기쁜 일이 있을 수 없는 것이다.

　이날 강우규는 면회 온 장남과 대화하면서 재판에 임하는 자신의 자세를 피력하기도 했다.

　"먼 길을 오느라 적잖은 경비가 들었을 터인데 어떻게 비용을 만들어서 왔느냐""200원을 차용해서 왔는데, 아버님을 위하여 변호사를 대고 싶습니다"

　"결코 그런 생각은 하지 마라. 변호사가 무슨 필요가 있느냐. 만사가 모두 내 가슴속에 있으니 조금도 그런 걱정은 하지 마라. 만약 돈이 여유가 있거든 식사 차입소에 외상값이 있으니 그걸 갚고, 가는 길에 충청

| 법정으로 가는 강우규

| 재판받는 강우규와 관련자들(1920. 2. 27)

남도에 있는 친척을 찾아보아라."

덧붙여 건강도 좋고, 감옥생활도 대우가 좋으니 조금도 걱정할 게 없다는 말도 빼놓지 않았다. 강우규는 자신에 대한 걱정은 커녕 오로지 아들을 안심시키기 위해 모든 노력을 기울였다. 실제로 강우규는 3심까지의 모든 공판 과정에서 변호인의 도움을 전혀 받지 않았다.

3

재판정에서도 꺾이지 않는 기개

변호인 없이 진행된 재판

당초 예상했던 대로 1920년 2월 14일 오전 10시 경성지방법원에서 강우규 사건에 대한 첫 공판이 열렸다. 강우규의 장남 중건을 비롯해 방청석에는 내·외국인 등 100여 명이 자리를 가득 메워 이 재판에 대한 세인들의 관심을 반영했다. 최자남·허형·오태영 피고 등이 출정한 후 오노大野 간수장의 안내로 강우규가 회색 무명옷 차림에 흰 수염을 쓰다듬으며 출정했다. 이어서 다치가와立川 부장 이하 다자이太宰·마쓰모토松本 배석판사, 사카이境 검사, 소노베園部 서기가 자리에 앉자 다치가와 재판장은 피고인 4명을 차례로 불러 거주, 성명, 직업 등을 물은 후 검사로부터 본 사건은 폭발물취체규칙 위반사건으로, 예심에서 유죄로 판명돼 지금 공판으로 옮긴다는 보고가 있자 강우규를 시작으로 심문을 시작했다. 다음은 강우규와 재판장과의 일문일답이다.

　재판장 : 언제 신자가 되었고, 세례는 어디서 받았으며, 어느 파派의

종교를 믿는가?

강우규 : 예수를 믿은 지 15년 이상 되었고, 세례는 함흥에서 받았으며 기독교 장로교를 믿는다.

재판장 : 함경도 홍원洪原에서는 몇 년이나 거주하였는가?

강우규 : 한 삼십 년 전부터 살았다. 그때 그곳에서 청년자제를 교육시키기 위하여 사립 영명학교靈明學校를 설립하여 교육에 열을 쏟았다.

재판장 : 그때 자제들을 가르칠 때 어떤 사상을 담아 주었는가?

강우규 : 그것은 물어볼 것도 없이 '너희들은 아무쪼록 열심히 공부하여 어서 잃어버린 국권을 회복하는 큰 일꾼이 되라'고 항상 가르쳐 주었다.

재판장 : 홍원에 오래 거주하지 않고 무슨 이유로 중국 길림성 요하현으로 이사하였는가?

강우규 : 1910년 한일합방이 실현된 뒤로는 눈앞에 보이며 접촉되는 것은 모두 반갑지 않은 일본사람들 밖에 없으니 그 무슨 재미로 살아가겠소? 그래서 그만 사랑하는 조국을 버리고 멀리 갔었던 것이오.

재판장 : 한일합방이 그리 싫은 것은 무엇이며, 또 무엇이 그리 재미가 없었는가?

강우규 : 그 이유를 말하자면 물어볼 것도 없이 금수강산 삼천리가 그만 일본이 되었으며, 그에 따라 모두 일본의 지배를 받게 되었으니 무슨 좋을 일이 있으며, 무슨 재미가 있으리오.

재판장 : 그러면 그 뒤에 연해주 같은 곳과 기타 각지를 돌아다니면서 전도에 종사하였는가?

강우규 : 그리하였다.

재판장 : 그때 단순히 전도만 하였는가?

강우규 : 교인에게는 물론 천당을 얘기하며 전도를 하였고, 학생과 같은 청년들에게는 아무쪼록 이후에 우리 조국을 회복하는 데 큰 일꾼이 되라고 정신적 교훈을 주었다.

재판장 : 요하현에서는 무엇 무엇을 경영하였는가?

강우규 : 광동학교光東學校를 경영하며, 한편으로는 전도에 전력하였다.

재판장 : 그곳에서도 국권회복운동을 선동하였는가?

강우규 : 물론이다. 나는 자나 깨나 국권회복 밖에 없는 사람이니 그 목적으로 교육시키는 것이 당연한 이치 아닌가?

재판장 : 독립운동은 언제부터 시작하였는가?

강우규 : 독립운동에 힘을 쓰기는 오늘까지 십여 년, 즉 한일합병 되는 그날부터 오늘까지 주야로 24시간 한시도 잊어버린 적이 없다.

재판장 : 요하현 신흥동에서 만세를 부른 것은 언제부터이며, 피고가 선동한 것이 아닌가?

강우규 : 신흥동에는 조선인이 약 1천여 호戶 거주하는데, 만세를 부른 것은 작년 4월부터였고, 그때 내가 선동했다.

재판장 : 독립운동을 하려고 비밀결사를 한 것이 있는가?

강우규 : 별도의 결사는 없다.

| 제1회 공판 관련기사(『매일신보』 1920. 2. 16)

재판장 : 노령에 있는 노인단을 아는가?

강우규 : 물론 알고 있고, 단체는 그뿐만 아니라 중년단, 청년단 3단체가 있다.

재판장 : 그 단체는 언제 조직됐나?

강우규 : 노인단은 1919년 음력 정월에 조직됐다.

재판장 : 각 지방에 지부가 설치되어 있는가?

강우규 : 조선 노인 10명 이상이 있는 곳에는 반드시 지부를 두었다.

재판장 : 피고는 언제 입회하였는가?

강우규 : 작년 음력 2월에 입회하였다.

재판장 : 그 노인단의 행동은 무엇을 주장하는가?

강우규 : 세계의 큰 전란이 종식되고 세계가 개조되는 이때 우리는 국권회복운동을 할 만한 시기이니 이 시기를 놓치지 말자고 주장하고 있다.

재판장 : 1919년 3월 1일 손병희 일파 33명의 독립선언과 시위운동은 언제부터 알았는가?

강우규 : 음력 3월 10일에 알고 그 길로 신흥동에 있는 동포들을 선동하여 독립 시위운동을 하였다.

재판장 : 그 뒤 5월 그믐께쯤 블라디보스토크로 갔다면서?

강우규 : 그렇다.

재판장 : 무엇 하러 갔던가?

강우규 : 우리 조선독립의 상황이 어떠한지 분명히 알기 위해서 갔다.

재판장 : 그때는 5~6일 동안 신한촌에서 테제 하였다면서.

강우규 : 그리하였다.

재판장 : 그때 조선의 독립이라는 것을 알아보니 어떠하던가?

강우규 : 만국평화회의와 일본 천황도 조선독립을 승인하였다는 말을
들었으나 그 말은 헛말이 되고 뜻밖에 하세가와 총독이 갈리
고 새로 총독이 나온다는 말을 들었다.

재판장 : 그러면 무슨 이유로 새 총독을 살해하려고 하였는가?

강우규 : 하세가와 총독이 우리 조선을 통치할 때 조선 인종을 모두
죽은 인종으로만 알았던 것인데 그 뒤에 보니 조선 사람이
정신은 아직 살아있는 인종이라 아무리 해도 동화同化를 시
킬 수가 없어 일찍이 조선총독 자리를 사직하고 가겠다는
정신으로 간 것인데 그는 세계와 여론을 밝게 깨달은 사람
이지만 새로 오는 총독은 무슨 능력으로 우리 조선을 동화
시키며 옳게 할 수 있으리오. 그는 곧 하나님의 계명 중에
'이웃을 사랑하라'는 계명을 범한 자이며, 또 '남의 것을 탐
내지 말라'는 계명을 범한 자이며, 또 만국 공법을 교란시키
는 자이며, 민족자결주의를 멸시·위배하는 자이며, 세계 여
론을 경멸하는 자이라 그런 자를 용서할 수 없어 살해할 뜻
을 둔 것이다.

재판장 : 새 총독을 죽이려고 블라디보스토크에서 조선에 왔는가?

강우규 : 물론이다.

재판장 : 9월 2일 남대문역에서 폭탄을 던진 후 아무도 붙잡는 사람
이 없으므로 숨어 있다가 9월 10일 밤 꿈에 상제로부터 너

의 목적을 천하에 알리고 조용히 잡히라는 신의 명령을 받았다고 하던데.

강우규 : 그런 일이 있다.

재판장 : 그러면 형 사정에서 자기의 사실은 모두 자백하나 다른 피고의 일을 감추는 것은 불가한 일이 아닌가? 진정한 애국지사라면 한 가지도 숨기지 말아야 할 것 아닌가?

강우규 : 나는 결단코 하나도 은닉하는 것은 없고, 모두 사실 뿐이다.

재판장 : 블라디보스토크에서 폭탄을 누구에게 얻었나?

강우규 : 신흥동 근처 하바로스케 청룡靑龍이란 곳에서 러시아 사람에게 100환 달라는 것을 50환 주고 샀다.

재판장 : 무슨 목적으로 샀는가?

강우규 : 나에게 물어볼 것도 없이 국가를 위하여 한 번 핏값이나 할 목적으로 산 것이다.

재판장 : 그걸 살 때 그걸 던지면 사람이 죽는 줄은 알고 샀는가?

강우규 : 그 러시아 사람에게 들어서 대강은 알고 있었고 그 외에는 몰랐다.

재판장 : 그것을 던지면 다수의 인명이 상하는 것인 줄은 알았는가?

강우규 : 아니다. 여러 명의 사상자가 생기는 것이 아니라 다만 내가 목표로 하는 원수 한 사람만 죽이는 물건으로 알았다. 폭탄을 보니 꼭지에 조그마한 구멍이 있는 고로 그 구멍으로 탄약이 나와서 사람을 맞추는 것으로 알았다.

재판장 : 폭탄을 최자남에게 맡길 때 말하기를 그 폭탄에 줄이 있는

데 그 줄을 뽑으면서 바로 던지면 폭발되는 것이며, 또 그
위력은 육혈포 25~26병의 위력은 넉넉히 가진 것이라고
일일이 설명까지 했다는데.

강우규 : 그런 일 없다.

재판장 : 그러면 처음 살 때 그 효력이 얼마나 되는지 알고 샀는가?

강우규 : 별로 알지 못했다. 워낙 비밀스런 물건을 사는 것이 돼서 별
로 자세한 말도 못들었다. 다만 폭탄의 위력은 신문지상에
서 보니 독일에서 비행기로 장독 크기의 폭탄을 투하하자
커다란 집과 많은 사람들이 참혹히 죽는 것을 봤을 뿐이며,
이번에 내가 사용한 작은 폭탄 같은 것은 표적으로 삼은 사
람 한 명만 죽이는 것으로 알았다.

재판장 : (폭탄 사진을 내보이며) 이것이 피고가 사용한 폭탄이며, 크기
도 이와 같은가?

강우규 : (유심히 사진을 들고 보다가) 그와 비슷하며, 크기는 그보다 조
금 작다.

재판장 : 폭탄을 사서 집에 감추어 두었던가?

강우규 : 그렇다.

재판장 : 다시 블라디보스토크로 온 것은 언제인가?

강우규 : 날짜를 기억할 수는 없으나 아마 6월 초인 듯하다.

재판장 : 그때 최자남의 집에서 유숙하였는가?

강우규 : 그렇다.

재판장 : 그 뒤 6월 11일 블라디보스토크에서 월후환越後丸을 타고 원

산으로 돌아왔는가?

강우규 : 그렇다.

재판장 : (선표를 보이면서)그때 선표에는 강서방姜書房이라고 쓴 표를 가지고 왔었는가?

강우규 : 그것인 듯하다.

재판장 : 언제 원산에 도착하였는가?

강우규 : 6월 14일 아침으로 기억한다.

재판장 : 원산에 상륙할 때 세관에서 신체검사를 받았을 텐데 어떻게 폭탄을 가지고 상륙하였는가?

강우규 : 세관에 발각되지 않게 하기 위해 폭탄을 수건에 싸서 개짐 차듯이 아래에 차고 상륙했기 때문에 세관 관리들은 내가 폭탄을 감춘 줄은 모르고 필경 내 불알이 그리 큰 줄로만 알았을 것이다.

피고의 답변을 들은 만장한 방청객들은 웃음을 참지 못하였다. 피고는 목이 말라 차를 청하였다. 재판장은 계속 물었다.

재판장 : 원산에 상륙하여 그날은 원일여관元一旅館에서 자고 그 다음 날 길거리서 최자남을 만나 그의 집으로 옮겼는가?

강우규 : 그렇다.

재판장 : 그날 밤 최자남을 꾀어 앉히고는 피고의 목적을 말하고 참가하라고 권한 즉 최崔가 말하기를 '나는 칠십 노부모가 있

| 개항 당시 원산항의 모습

| 원산 시내 상인들

는 사람인고로 그런 일에는 참가하지 못하겠다'고 말하자 피고는 '나는 구십 노인을 집에 두고도 몸을 내어 놓았는데 그게 무슨 소리냐'고 강요한 일이 있다는데.

강우규 : 그런 일은 없다. 최자남으로 말하자면, 짚신이나 포목을 팔아 돈 몇 푼을 남기는 것을 천직으로 아는 사람인데 그와 같은 자에게 그와 같은 말을 했을 리가 있겠는가?

이 말을 마친 후 강우규는 의자를 달라며 조금만 앉게 해달라고 청하였지만 재판장은 그 말을 듣고 '국가를 위하여 몸을 바치려고 나선 사람이 되어서 법정에서 잠시 동안 서 있는 것쯤을 고통으로 알 수가 있느냐'고 말했다. 이에 대해 피고는 '칠십이나 된 늙은 사람이 허리가 아파서 오랫동안 서서 견딜 수가 없어서 그리 한 것인데 높은데 편안하게 앉은 재판장은 편한 것만 생각하오?' 라고 반문하자 재판장도 할 수 없이 편한 의자를 내어주며 잠시 쉬게 하였다. 다시 재판장의 질문이 이어졌다.

재판장 : 최자남을 안 것은 몇 해나 되었는가?

강우규 : 십년 전부터 알았다.

재판장 : 폭탄을 사가지고 최자남의 집에 있을 때 그의 아내를 치료해주고 가게도 봐주고 물건도 팔아주며 2개월 동안 있었다는데.

강우규 : 그렇다.

재판장 : 그건 나라를 위하려는 지사의 목적에 위배되는 일 아닌가?

강우규 : 목적에 위배될 것이 무엇인가? 새 총독이 서울에 오는 날까지 그 기회를 기다린 것이다.

재판장 : 음력 6월 20일경에 최자남이 신축한 집으로 옮길 때 같이 옮겼는가?

강우규 : 그렇다.

재판장 : 그때 폭탄을 어떻게 가지고 갔던가?

강우규 : 소매 속에 넣어 가지고 갔다.

재판장 : 그때 폭탄을 어디에 은닉해 두었던가?

강우규 : 맨 처음 집에서는 천정 속에 두었고, 새로 옮긴 집에서는 최자남의 부엌 속 벽장 뒤가 내밀린 곳 꼭대기에 감춰 두었었다.

재판장 : 그때 피고는 최자남에게 이번에 블라디보스토크에 온 목적은 독립운동 자금모집 때문이라고 말한 후에 폭탄을 맡겼다는데.

강우규 : 최자남 같은 위인에게 결코 그런 말을 한 적이 없다.

재판장 : 최자남이 원산경찰서에서 자백한 것을 보면 그렇지 않은데 피고가 최자남의 일을 숨기는 것은 불가한 일 아닌가?

강우규 : 아마 그 자백은 혹독한 형벌을 이기지 못해 그런 말을 했는지, 또는 자기 이름을 얻으려고 그런 말을 했는지는 몰라도 결코 나는 그런 말을 한 일이 없다.

재판장 : 최자남이 피고의 말을 듣지 않자 '내 말을 듣지 않으면 너도

죽이고 나도 죽겠다'고 했다는데.

강우규 : (허!허! 웃으면서) 재판장도 생각해보라. 내가 최자남 같은 사
　　　　람 하나를 죽이고 이 세상을 보내려고 했으면 당초 이와 같
　　　　은 일을 행할 생각도 못했을 것 아닌가.

재판장 : 1919년 8월 4일 원산을 떠나 서울로 오는 도중에 석왕사 영
　　　　월여관映月旅館에서 숙박한 일이 있는가?

강우규 : 그렇다.

재판장 : 그러면 피고가 폭탄을 숨겨두었다가 서울로 상황을 엿보러
　　　　올 때에야 최자남에게 폭탄을 맡겼다고 하나 그때 최자남
　　　　은 블라디보스토크에 있다가 8월 13일 월후환을 타고 8월
　　　　18일 원산으로 돌아온 바, 8월 4일 서울로 올라오는 사람이
　　　　폭탄을 최자남에게 상경시에야 맡겼다는 것은 모순이 아닌
　　　　가?

강우규 : 늙어서 그 날짜는 기억할 수 없으나 최자남에게 맡긴 것은
　　　　분명한 일이다.

재판장 : 그러면 상경하기 훨씬 전에 맡긴 것인가?

강우규 : 어쨌든 최자남에게 폭탄을 분명히 맡겼다.

당당한 기개로 자신의 뜻을 밝히다

재판장의 심문에 대해 강
우규는 당당한 기개로 거
침없이 소신을 피력하였으며, 자신의 국가관·교육관·세계관 등에 대

해서도 솔직하게 밝혔다. 이는 강우규가 오랜 기간 동안 항일투쟁에 대해 고심하고 또 몸소 실천해온 결과에서 비롯한 것이라고 할 수 있다. 강우규는 이후의 공판에서도 매번 이처럼 당당하고도 소신 있는 답변 태도로 일관해 방청객은 물론 세간의 화제가 되었다.

재판장은 낮 12시 반에 휴정을 선언하고 폐정閉廷하였다. 곧이어 점심 시간이 되자 피고인과 재판부 모두 점심을 먹고 얼마간 휴식을 취하였으며, 그 사이 강우규는 화장실에 다녀왔다. 자리로 돌아오는 길에 강우규는 방청석을 둘러보면서 '외국인들은 왜 오지 않았느냐'고 묻기도 했다. 오전부터 오던 눈은 오후 들어 더욱 많이 내렸으나 방청객들은 자리를 뜨지 않은 채 50~60명이 계속 방청석을 지켰다. 오후 2시 10분, 재판장은 다시 개정한 후 강우규에게 계속해서 심문했다.

재판장 : 허형과 알게 된 것은 원산에서 간도로 가려고 배 유무를 물으면서 알게 됐는데, 여행권이 없어서 이를 단념하고 허형과 같이 서울로 온 것 아닌가?

강우규 : 그렇다.

재판장 : 기차로 오다가 석왕사에서 허형과 하룻밤 같이 자지 않았는가?

강우규 : 그렇다.

재판장 : 그 이튿날 서울로 와서 허형의 소개로 안국동 김종호의 집에 묵었다는데 사실인가?

강우규 : 틀림없다.

| 석왕사 전경

재판장 : 그러면 피고는 그 사이에 『매일신보』를 보면서 새 총독을
　　　　주의 깊게 봤다는 것인가?

강우규 : 그렇다.

재판장 : 하세가와 총독은 1919년 7월 5일 도쿄로 간 후 8월 초 사표
　　　　를 냈으며, 새 총독에 사이토씨가 부임하는 것을 잘 알고 있
　　　　었는가?

강우규 : 그렇다.

재판장 : 피고가 원산에 있는 최자남의 집에 숨겨둔 폭탄을 가져왔는
　　　　가?

강우규 : 그렇다.

재판장 : 그때가 언제인가?

강우규 : 8월 5~6일 경인지 자세히는 모르겠으나 폭탄을 가지러 가기는 갔었다.

재판장 : 김종호 집에서 며칠이나 묵었는가?

강우규 : 한 20일쯤 머물다가 원산으로 갔는데 날짜는 언제인지는 자세히 모르겠다.

재판장 : 폭탄을 찾은 후 이틀 정도 묵다가 서울로 온 것이 사실인가?

강우규 : 그렇다.

재판장 : 사이토 총독이 8월 12일 임명되었는데 피고는 그걸 알고 있었는가?

강우규 : 『매일신보』를 보고 알았다.

재판장 : 새 총독의 사진까지도 봐두었던가?

강우규 : 그것도 잘 봐두었다.

재판장 : 8월 17일 혹은 18일 서울에서 원산으로 갔었는데, 이는 폭탄 하나로는 부족하여 하나 더 가지러 간 것 아닌가?

강우규 : 폭탄을 하나 더 가지러 간 일은 없다.

재판장 : 8월 17일 혹은 18일 최자남의 집을 찾아가서 한홍근을 만나지 않았는가?

강우규 : 만났다. 그러나 폭탄을 가지러 간 것은 아니다.

재판장 : 비밀리에 한홍근을 만나 밀담을 나눈 적이 있는가?

강우규 : 밀담을 나눈 적 없다. 그 무렵 서울에서는 콜레라가 유행해

서 원산으로 간 것이며, 한홍근에게 약을 얻고자 간 것이다.

재판장 : 아니, 그때 원산에서 한홍근과 밀담할 때 한홍근이 말하기를 폭탄을 가진 사람이 지금은 없으니 나중에 통지하면 찾으러 오라고 한 것 아닌가?

강우규 : 콜레라 약 때문에 갔었다. 내 조카가 30여 년째 블라디보스토크에 있는데 원산에 오거든 전보로 통지해 달라고 부탁해 놓고 서울로 돌아왔다.

재판장 : 8월 20일경 김종호 집으로 와서 다시 묵었던가?

강우규 : 원산에서 돌아와 김종호 집에서 다시 묵고 있었다.

재판장 : 그런데 사이토 총독이 9월 2일 서울에 도착한다는 사실을 어떻게 알았는가?

강우규 : 신문을 보고 알았다.

재판장 : 8월 28일 남대문정거장(남대문역)과 가까운 여관, 즉 남대문통 5정목丁目 60번지 박영근의 집에서 묵기 시작하지 않았는가?

강우규 : 김종호의 집을 나와 박영근의 집에서 묵기 시작했다.

재판장 : 그러면 이리로 와서 매일 주의하고 있었던가?

강우규 : 그렇다.

재판장 : 그러면 허형은 8월 22일 안국동 윤우식의 집으로 옮겼는가?

강우규 : 그렇다.

재판장 : 이튿날 김종호 집에 있는 하인을 데리고 윤우식 집에 묵고

있는 허형을 찾아간 적이 있는가?

강우규 : 그런 일 없다.

재판장 : 그 후에 허형을 찾아가 숙소를 남대문정거장 근처로 옮겼으니 전보가 오거든 찾아서 전달해 달라고 부탁한 적 없는가?

강우규 : 그런 일 없다.

재판장 : 그러고는 원산으로 폭발약을 가지러 가지 않았는가?

강우규 : 그런 일이 없었다.

재판장 : 8월 31일 허형이 묵고 있던 여관을 찾아간 적 없는가?

강우규 : 잘 모르겠다.

재판장 : 원산에서 와서 같이 묵고 있던 지인 두 사람을 데리고 그날 어딜 다녀오지 않았나?

강우규 : 두 사람을 데리고 동물원 구경을 다녀왔다.

재판장 : 조카가 왔다는 전보를 어떻게 받았는가?

강우규 : 전보가 오기는 왔는데 그걸 김종호가 갖다 주었는지 어땠는지는 잘 모르겠다.

재판장 : 동물원 구경간다고 허형을 데리고 나와 안국동 신작로 어느 모퉁이에서 원산에 가서 폭탄약을 가지고 오라고 당부하면서 양지 조각에 편지를 써주지 않았나?

강우규 : 그건 거짓말이다. 내가 원산에 갔을 때 콜레라 약을 당부하고 왔기 때문에 그에 대한 얘기를 나눴고, 편지도 그와 관련된 것이다. 중대한 일이라면 내가 가지 왜 남에게 시켰겠는가?

재판장 : 그런데 피고가 허형에게 여비로 6원을 내주지 않았는가?

강우규 : 여비로 내어준 기억이 있다.

재판장 : 콜레라 치료제를 가져오려면 여비를 내지 않아도 가능한데
돈을 내고 사람을 보내 가져온 것은 의심쩍지 않은가?

강우규 : 다름 아니라 그 약은 블라디보스토크에서 가져온 것인데
독일제 양약이므로 특별한 사람을 보내 가져오게 한 것
이다.

재판장 : 원산에서 온 전보를 보고 허형을 원산으로 보내지 않았나?

강우규 : 아니다. 허형이 원산으로 간 것은 원산에서 전보가 오기 전
이다.

재판장 : 피고가 조카가 보고 싶다고 하니 최자남이 9월 1일 전보로
통지한 것 아닌가?

강우규 : 전부 거짓말이다. 총독을 죽일 날이 하루밖에 남지 않았는
데 언제 전보를 들고 원산으로 가겠는가?

재판장 : 9월 1일 허형이 서울로 돌아와서 박영선의 집에 묵던 피고
를 찾아왔던가?

강우규 : 그렇다.

재판장 : 허형과 중국 요리집으로 가서 같이 식사를 하지 않았는가?

강우규 : 그렇다.

재판장의 심문이 계속되는 가운데 이어 강우규가 남대문역 광장에
서 사이토 총독에게 폭탄을 던진 전후 상황에 대해서도 문답이 이루어
졌다. 현재 이와 관련한 자세한 기록은 당시 『매일신보』에 실린 것 이외

에는 남아 있지 않다. 신문보도에 따르면, 강우규는 당일 완벽하게 거사 준비를 끝낸 후 여러 차례 현장상황을 점검하였다. 그리고는 사이토 총독의 도착 예정시간보다 한 시간 먼저 오후 4시경 남대문역으로 가서 거사를 하기에 적절한 장소부터 물색했다. 요인들의 동선動線은 대개 보안사항이어서 일반인들이 알기 어렵다. 강우규는 현장에서 플랫폼을 빠져나온 총독이 귀빈실을 거쳐 간다는 사실을 듣고서 귀빈실 근처로 자리를 옮겼다. 오후 5시 경 사이토가 탄 기차가 남대문역(서울역)에 도착했다. 사이토는 출영객들과 인사를 나누고는 남산 왜성대 총독관저로 갈 예정이었다. 사이토가 귀빈실을 나와 마차에 오르자 강우규는 그가 신문에서 본 신임 총독임을 확인한 후 그를 향해 준비해 둔 폭탄을 던졌다. 폭탄 투척 전후의 상황에 대한 심문내용을 소개하면 다음과 같다.

재판장 : 9월 1일 피고는 허형에게 오늘이 정말 일하는 날인데 폭탄 하나로는 부족하니 폭탄이 하나 더 있었으면 좋겠다고 말한 적이 없는가?

강우규 : (돌연 얼굴빛이 변하면서 굳세게 말하기를) 폭탄 하나면 총독을 죽일 수 있는 데 하나가 왜 더 필요한가 이런 말을 했다. (재판장의 말은) 거짓말이다.

재판장 : 9월 2일 오전부터 남대문정거장에 가서 기다리고 있었는가?

강우규 : 기다리고 있었다.

재판장 : 그러다가 두세 번 다시 여관으로 돌아간 적이 있지 않은가?

강우규 : 그렇다.

재판장 : 역에 나간 것은 사정이 어떤지를 알아보려는 것이었나?

강우규 : 그렇다.

재판장 : 모든 준비를 해서 남대문정거장(역)으로 나간 것은 몇 시인
　　　　가?

강우규 : 아마 2시던가 3시던가 그랬다.

재판장 : 그때 폭탄을 가지고 나갔던가.

강우규 : 폭탄을 배에 차고 나갔다.

재판장 : 그 폭탄을 어디에 감추어두었던가?

강우규 : 밤낮으로 그 폭탄을 허리 근처에 차고 지냈다.

재판장 : 구체적으로 어떻게 차고 있었는가?

강우규 : 폭탄을 명주수건에 싸되 끄집어내기에 편하도록 싸서 허리
　　　　춤에 둘러매고 지냈다.

재판장 : (재판장은 증거물을 내보이며) 이 명주수건을 알아보겠는가?

강우규 : 폭탄을 쌌던 수건이 맞다.

재판장 : (재판장은 다시 모자 하나를 내보이며) 그날 썼던 모자는 파나마
　　　　모자인가?

강우규 : 내가 썼던 모자 맞다.

재판장 : (다시 재판장은 우산과 수건을 내보이며) 이것들도 그때 피고가
　　　　사용한 것인가?

강우규 : 그렇다.

재판장 : 그때 입은 두루마기는 모시두루마기인가?

강우규 : 그렇다.

재판장 : 그때 신은 신발은 가죽신이었나?

강우규 : 그렇다.

재판장 : 수염은 지금보다 어땠는가?

강우규 : 더 길었다.

재판장 : 오후 4시에 다시 정거장엘 갔었는가?

강우규 : 4시쯤 다시 나갔다.

재판장 : 기다리고 있을 때의 광경은 어땠나?

강우규 : 마침 내가 표 파는데 서 있어서 이사람 저사람의 말을 주워 들었는데, 총독이 정거장에 들어오면 우선 귀빈실에 들어가 있다가 나온다기에 정거장 귀빈실 근처로 가서 기다렸다. 처음에는 기병들이 서 있는 근처에서 기다렸는데 적당한 곳 이 아니었다. 그래서 귀빈실 동편으로 가서 나무가 하나 앞 에 있는 곳에 서 있었다. 이어 많은 인력거가 늘어선 곳 뒤 에 서서 기다리고 있었다. 이처럼 서서 기다리고 있는 사이 에 나와 약 5~6간(間) 떨어져 있는 거리에 마차 한 대가 나와 누구를 기다리고 있는 듯했다. 내가 그 마차를 바라보고 있 을 때 부인 한 사람이 먼저 타는 것을 보았다. 이 부인에 이 어 마차에 오른 사람은 총독이었고, 그 다음으로 젊은 청년 이 탔다. 나는 『매일신보』에서 사진을 봐서 총독의 얼굴을 알고 있었기 때문에 방금 마차에 오른 사람이 신임 총독이 라는 것을 알고 허리에 차고 있던 폭탄을 끄집어내 손수건

으로 싸가지고 있다가 고리에 낀 빗장을 뺀 후 곧 던졌다. 그런데 아무 소리도 나지 않은 가운데 총독이 탄 마차가 남대문을 향해 나아갔다. 나는 그때 하느님께 '하느님이여, 하느님의 뜻대로 이루어주옵소서!' 라고 기도를 올렸다.

재판장 : 폭탄을 어떻게 던졌는가?

강우규 : 폭탄을 바른손에 잡고 총독이 마차를 타자 가슴을 향해 던졌다.

재판장 : 그런데 그 폭탄이 총독에게 맞지 않고 어떻게 떨어진 줄 아는가?

강우규 : 어디로 떨어졌는지는 몰랐다.

재판장 : 폭탄 조각이 총독의 혁대로 들어가서 구멍이 뚫어지고 신문기자인 다치바나 이외에 36명이 중경상을 입은 것을 아는가?

강우규 : 중경상자가 났는지는 모른다.

재판장 : (폭탄 투척 후) 현장에 한참 서 있었는데도 그걸 모른단 말인가?

강우규 : 한참동안 서 있기는 했지만 내 앞에 사람들이 겹겹으로 서 있었기 때문에 (그런 상황을) 알 수 없었다.

재판장 : 군중들이 모인 곳에 폭탄을 던지면 어떻게 되는 줄 몰랐나?

강우규 : 나는 오직 총독을 행해 폭탄을 던졌을 뿐 그 밖의 일은 생각하지 않았고, 또 다른 영향이 미치리라고 생각하지 않았다.

재판장 : 피고가 던진 폭탄에 다른 사람들이 피해를 입었는데 이에 대해 어떻게 생각하는가?

강우규 : 나는 이에 대해서는 책임지지 않겠다. 내가 총독에게 술을
　　　　하나 주었다고 치자. 총독이 그 술을 다른 사람들에게 나눠
　　　　주었는데 그 사람들이 취했다고 해서 총독의 술독의 술을
　　　　먹고 취한 것이 아닌 것처럼 나는 총독에게 폭탄을 던졌을
　　　　뿐이니 그 사람들은 총독 때문에 피해를 입은 셈이다.
재판장 : 그런 비유는 말이 안 된다. 폭탄이 투척 도중에 맞아 사람이
　　　　죽었다면 어찌 할 텐가?
강우규 : 나는 이에 대한 책임은 지지 않겠다.
재판장 : 만약 총독을 죽였더라면 어떤 노래를 읊을 작정이었다고 하
　　　　던데.
강우규 : 그렇다.

강우규는 붓을 들고 그 내용을 써 보이고는 담담하게 대답했다.

남산의 송백松柏은 적설積雪을 견디어 서 있고, 중천中天의 명월明月은 흑운
黑雲을 박차고 밝아 있다.
십년의 풍파 시험 나의 맺힌 일편단심 …… 천추千秋에 이름을 전하고 세
계의 이목을 경동驚動케 하세, 이천만 동포야! 나를 배워 …… '

거사 직후 강우규는 이제 할 일을 다 했다고 생각하고 담담한 자세로
그 자리에서 누군가 자신을 체포해 가기를 기다렸다. 그러나 아무도 자
신을 체포하지 않았다. 강우규의 진술에 따르면, 현장에서 순사 한 사람

과 젊은 소년 하나가 자신을 주목하였지만 잡아가지는 않았다고 한다. 그래서 강우규는 이 사람들이 조선 사람들이어서 일부러 묵인해 주는 줄로만 알았다. 그런데 사이토 총독이 마차에 오르는 것을 보고 그를 향해 폭탄을 던졌는데 폭발소리도 나지 않고 또 총독도 죽지 않자 강우규는 이는 하나님이 총독을 살린 것이라고 생각했다. 그리고 자신도 체포당하지 않자 이 역시 하나님이 살려주신 것이라고 생각하며 곧 모든 것을 단념하였다.

당시 남대문역 광장에는 보병 2개 대대가 도열한 가운데 의장대로 기병 1개 중대가 동원돼 있었고, 정사복 경찰들이 순찰을 돌고 있었다. 게다가 수천 명의 환영인파가 몰려 인산인해를 이루고 있었다. 귀빈실 앞 인파속에 묻혀 있던 강우규로서는 폭탄을 던지고도 사람들에 가려서 그 이후의 상황을 제대로 파악할 수가 없는 형편이었다. 그런데 바로 그 무렵 꽹음을 내며 폭탄이 터진 것이다.

한편 이날 공판정에서는 사건 현장에서 강우규가 폭탄을 던지는 것을 목격하고 이후 강우규를 미행한 한 청년과 강우규를 체포한 조선인 경찰 김태석金泰錫에 대해서도 간략히 거론되고 있다. 앞에서 이미 언급한대로 목격자 청년은 남南만주철도회사 경성관리국 소속 열차 급사로, 이름은 오노, 당시 나이는 18세였다. 그는 사건 후 언론에 자신의 목격담을 제보한 바 있다.

재판장 : 쓰메에리 양복에 학생모를 쓴 17~18세의 소년이 피고의 뒤를 감시하고 따라다녔지 않은가?

강우규 : 양복을 입은 어느 소년이 나를 쫓아다녔다. 그때 큰 소동이 나서 야단들 하고 몰려난 까닭에 모두 다 거기 있던 기기 속으로 몰려 들어가기에 나도 군중들과 같이 들어가 있었다. 그 이후로는 그 소년이 보이지 않았다.

재판장 : 그 후 여관으로 돌아가 있다가 다시 나왔던가?

강우규 : 다시 외출은 하지 않았다.

재판장 : 그 소년은 대야차랑大野次郎이라고 하는 '열차 보이'인데 그 소년이 어성정에서부터 조선공론사까지 쫓아온 것을 아는가?

강우규 : 그것은 모른다.

재판장 : 9월 4일 안국동 김종호의 여관으로 주거를 옮겼나?

강우규 : 그렇다.

재판장 : 김종호의 집에서 머리와 수염을 깎았는가?

강우규 : 그렇다.

재판장 : 머리와 수염을 깎은 것은 잡힐까봐 겁이 나서 그렇게 한 것인가?

재판장은 면도기를 내보이면서 피고가 사용한 면도기냐고 묻자 강우규는 '그렇다'고 시인했다.

재판장 : 머리와 수염을 깎은 것은 다음 기회를 기다려보자고 한 것인가?

강우규 : 머리와 수염을 깎은 것은 잡힐까봐 무서워서가 아니다.

재판장 : 세브란스병원 간호부 탁명숙卓明淑의 주선으로 누하동 임재
화林在和의 집으로 거처를 옮겼나?

강우규 : 그렇다.

재판장 : 9월 17일 조선인 경부警部 한 사람과 일본인 순사 두 명이 가
서 피고를 체포하였나?

강우규 : 그렇다.

재판장 : 그날 피고를 체포하러 왔던 김金 경부에게 할 일이 하나 더
있으니 아무쪼록 놓아달라고 하였다는데.

강우규 : 그 말은 거짓말이다.

재판장 : 경찰서로 잡혀오는 도중에도 김 경부에게 할 일이 하나 더
있으니 놓아달라고 했다는데.

강우규 : 그런 말을 한 적이 없다. 거짓말이다.

재판장 : 경찰서로 잡혀가서는 격검장에 있었는가?

강우규 : 거기 있었다.

재판장 : 머리와 수염을 깎은 것은 얼마동안 도망쳤다가 다음 기회를
기다린 것이 아닌가?

강우규 : 그렇다.

재판장 : 총독 하나를 죽이면 조선이 독립될 줄 알았나?

강우규 : 하늘이 나에게 기회를 주었으므로 이 기회에 나의 할 일을
할 뿐이다. 나는 오직 마음이 명령하는 바, 곧 하늘이 명령
하는 바에 의지하여 나의 할 일을 할 뿐이다. 총독은 극악극

흉極惡極凶지한 죄인이므로 죽이고자 한 것이다.

이날 오후 5시 10분경 강우규에 대한 심문이 모두 끝났다. 폐정을 앞둔 순간 강우규는 재판장에게 할 말이 있으니 발언권을 달라고 요청했다. 재판장이 이를 허락하자 강우규는 이 재판은 일본 천황이 시켜서 하는 것인지, 아니면 조선총독이 시켜서 하는 것인지를 따져 물었다. 이에 재판장은 "법률은 천황의 재가를 받을 뿐이고 재판은 재판소 독립으로 한다"고 답하자 강우규는 "그러면 어째서 나만 신문하고 또 귀찮게 구느냐, 저 죄罪 덩어리인 총독은 어째서 잡아가두지 않느냐"며 큰 소리로 호통을 쳤다. 재판장은 들은 체도 않고 이내 퇴정하였다. 제2회 공판은 18일 오전 10시 경성지방법원 제7호 법정에서 열린다고 예고됐다.

제1차 공판이 주범인 강우규에 대한 공판이었다면 제2차 공판은 공범 최자남·허형·오태영 등 3명에 대한 심문이었다. 이들에 대한 심문은 결국 '주범' 강우규와 직접 관련성이 있는 만큼 이들의 발언내용도 주목할 필요가 있다. 비록 거사는 강우규가 단독으로 기획하고 준비하고 결행했지만, 그 과정에서 물심양면으로 이들의 적지 않은 도움을 받았다. 결국 강우규의 쾌거는 이들 모두의 합작품인 셈이다. 한편 이들은 공판정에서 예심 때 한 진술내용을 상당수 번복하였다. 그 이유는 경찰조사나 예심 때 혹독한 고문을 받고서 이에 못이겨 할 수 없이 거짓 진술을 했다고 털어났다. 최자남의 경우 부부가 모두 원산경찰서에 붙잡혀와 모진 고문을 당했는데, 최자남은 목을 매 자살을 기도하기도 했다.

4
공범의 재판이 시작되다

최자남 · 허형 · 오태영 심문 | 제2차 공판 개시 전 강우규는 재판장으로부터 특별한 주의를 받았다. 이날 공판에는 강우규와 아들 중건도 참석했었는데, 재판부는 강우규가 노인인 점을 감안해 특별히 편한 의자 하나를 제공해 앉도록 배려했다. 재판장은 공판 전에 강우규에게 '오늘은 다른 피고인들을 심문하는 자리이니 강 피고인은 조용히 있어 달라'고 당부하고는 '만약 무슨 얘기를 하면 곧바로 퇴정시키겠다'고 경고했다. 이에 대해 강우규는 웃으면서 '법률 아래에 늙고 젊은 것이 따로 없으니 주의시킨 대로 따르겠다'고 답했다. 이날 공판정에는 1차 공판 때보다도 훨씬 더 많은 방청객이 몰렸으며, 경찰도 법정 주변에 삼엄한 경계를 폈다. 『독립신문』 보도에 따르면, 이날 방청을 하지 못한 조선인 100여 명이 법원 문 부근에서 배회하기도 했다. 심문은 최자남-허형-오태영 순으로 진행됐다. 먼저 최자남과 재판장과의 문답 내용이다.

재판장 : 최자남인가?

최자남 : 그렇다.

재판장 : 종교는 무엇인가?

최자남 : 예수교 장로파를 믿는다.

재판장 : 세례는 어디서 받았는가?

최자남 : 노령露領에서 받았다.

재판장 : 강우규는 언제부터 알게 되었는가?

최자남 : 4년 되었다.

재판장 : 1915년부터인가?

최자남 : 그렇다.

재판장 : 처음 만날 때 피고 집에서 같이 숙박을 하였나?

최자남 : 그렇다.

재판장 : 그때 피고는 어디에 있었는가?

최자남 : 노령 이콜루쓰쿠에 있었다.

재판장 : 그 뒤에도 강우규가 피고의 집에 여러 달 머물렀는데 무슨
일 때문이었나?

최자남 : 그때 강姜 선생은 약국을 운영했었다.

재판장 : 피고가 원산으로 돌아온 것은 언제인가?

최자남 : 1917년 11월이다.

재판장 : 1919년 6월 15일 길거리에서 강우규를 만난 일이 있는가?

최자남 : 길거리에서 우연히 강 선생을 만나 반갑게 인사한 후 우리
집으로 동행하였다.

재판장 : 그날부터 강우규와 함께 피고 집에서 같이 지냈는가?

최자남 : 그렇다.

재판장 : 그때 강 노인은 무슨 일로 왔다고 했는가?

최자남 : 블라디보스토크에서 여기까지 온 것은 고향을 한 번 갔다 오려고 하는데 여비가 부족해서 걱정이라며 떠날 때까지 같이 지내자고 말했다.

재판장 : 그때 강 노인이 무슨 비밀스런 물건을 감추어두지 않았던가?

최자남 : 그런 일도 없었을 뿐더러, 만약 그런 물건을 감추었다면 우리집에 숙박시키지 않았을 것이다.

재판장 : 새로 지은 집은 언제 이사하였는가?

최자남 : 자세하지는 않으나 작년 6월로 기억된다.

재판장 : 그때 강은 그 집에서 얼마나 묵었는가?

최자남 : 아마 한 달 정도 된다.

재판장 : 피고의 아내를 심문한 즉 새로 지은 집으로 이사한 것이 음력 6월 20일에 새 집으로 이사했다는데 사실인가?

최자남 : 날짜는 잘 모르겠다. 내 아내의 말이 맞을지도 모르겠다.

재판장 : 6월 초순인지 중순인지 하순인지 짐작도 못하겠는가?

최자남 : 아마 그 달 17, 18일께 인듯하다.

재판장 : 그 집으로 이사하던 날 밤중에 강우규가 피고를 일깨워 앉혀놓고 말하기를 '이번에 내가 고향에 가려고 왔다는 것은 헛말이고 실은 우리 조선의 독립을 위해 자금을 모으러 온

것이니 나와 함께 활동함이 어떻겠느냐'며 자금모집을 의뢰
하지 않았던가?

이 때 최자남은 처음에는 '그런 일이 있었다'고 대답을 하는 모양이
더니 얼른 '그런 일 없다'고 답변했다.

재판장 : '그런 일이 있었다'고 답변하려다가 졸지에 '그런 일이 없었
         다'고 답변하는 것은 무슨 일인가? 그리고 원산경찰서와 검
         사정, 예심에서 '그런 일이 있다'고 한 것은 무엇인가?
최자남 : 그건 너무나 무섭고 또 지독한 형벌, 매에 못이겨 거짓말을
         한 것이다.
재판장 : 그날 잠은 같이 잤는가?
최자남 : 물론 같이 잤다.
재판장 : 그날 강 노인에게서 폭탄을 맡은 일 없는가?
최자남 : 물론 그런 일은 없었다. 그런 일이 있다고 한 것은 악형에
         못이겨 한 말이다.
재판장 : 그때 강 노인이 신문지로 속을 싸고 겉은 수건으로 싸서 무
         슨 물건을 맡기지 않았는가?
최자남 : 그런 일 없다.
재판장 : 그러면 강 노인이 피고에게 맡긴 물건이 아무것도 없었는
         가?
최자남 : 그때가 비록 여름이지만 밤에는 찬 기운이 있어서 강 노인

이 그 동네 다른 집으로 옮겨갈 때 보료 한 벌과 구두, 구둣
솔 무명으로 싸서 맡겼다.

재판장 : 그때 그 물건은 어디다 두었는가?

최자남 : 우리 집 사랑방에 있는 궤 속에 넣어두었다.

재판장 : 그게 아니라, 부엌 속으로 내민 벽장 뒤 꼭대기에 감추어 두
지 않았던가?

최자남 : 아니다. 그것도 악형을 견디다 못해 그리 한 말이다.

재판장 : 그러면 아무 형벌도 없는 예심정(廷)에서는 왜 그렇게 말했는
가?

최자남 : 시골서 법률도 모르는 백성이 예심정에서는 형벌이 없는 줄
어찌 알았겠는가. 법정에는 어디든 형벌이 있는 줄 알았다.

재판장 : 악형 받은 것을 그리 강조하는데 원산경찰서에서 어떤 형벌
을 받았는가?

최자남 : 원산뿐만 아니라 종로경찰서에서도 여간 혹독한 형벌을 받
은 게 아니다.

재판장 : 원산경찰서에서 어떤 형벌을 받았는가?

최자남 : 뒤로 결박해서 매달고 전신에 채찍질을 하며 쇠몽둥이로 두
드렸다. 그와 같은 악형을 받았는지 안받았는지는 조사해보
면 알 것이다.

재판장 : 그러면 형벌을 받은 흔적이 있는가?

최자남 : 흔적이 있는 곳도 있고, 없는 곳도 있다.

그러면서 피고는 옷을 벌려 몸을 보였다.

재판장 : 그러면 예심정에서는 조금도 때리지 않았는데 피고 입으로
　　　　강 노인에게 자금모집을 의뢰받았다고 하지 않았는가?

최자남 : 무서워서 그리 말했을 뿐 사실과 다르다.

재판장 : 강우규가 피고에게 그런 일을 권고할 때 피고가 '칠십 노모
　　　　가 있어 못하겠다'고 거절하자 강이 '나는 구십 노인이 있지
　　　　만 이같은 일에 몸을 내놓았는데 무슨 그런 부적절한 말이
　　　　냐'고 했다고 말하지 않았는가?

최자남 : 예심에서 그런 말을 한 적은 없다.

재판장 : 피고가 예심에서 자백한 것이 여기 있는데 그리 말하는가?

최자남 : 그리 대답한 적이 없는 걸로 기억한다.

재판장 : 피고가 거절하자 강우규가 말하기를 '네가 나의 동지인 줄
　　　　알았더니 이렇게 거절하면 너를 죽이겠다'고 협박했다고 말
　　　　하지 않았는가?

최자남 : 그런 일 없다.

재판장 : 참여는 못하더라도 비밀을 지켜달라는 부탁을 받은 일은 없
　　　　나?

최자남 : 당신이 하는 일은 어디까지나 비밀을 지켜주겠다고 했다.

재판장 : 그러면 예심에서 자백한 것은 모두 부인하는가?

최자남 : 모두 거짓말을 한 것이다.

재판장 : 피고가 비록 강우규로부터 신문에 싼 것을 맡은 일이 없다

고 부인하지만 예심에서 폭발물 사용하는 방법까지 알았다
고 말하지 않았는가?

최자남 : 아마 통역이 통역을 잘 못한 것 같다. 내가 예심에서 말한
　　　　폭발탄은 쇠로 만든 것이 아니라 고무로 만든 것으로 알았
　　　　다고 말한 것이다.

재판장 : 그러면 고무로 만든 폭발탄은 맡은 일이 있는가?

최자남 : 그런 일도 없고, 악형에 못이겨 그리 말한 것이다.

재판장 : 강우규로부터 폭발탄은 위력이 육혈포 25~26병의 위력을
　　　　가졌고, 그것이 폭발하면 백여 명의 사상자가 나는 줄까지
　　　　알았다고 하지 않았는가?

최자남 : 그런 말을 한 적이 없다.

재판장 : 피고가 조선총독을 죽이려는 것인지 조선귀족을 죽이려는
　　　　물건인지는 몰라도 좌우간 사람을 죽이는 물건인 줄은 알았
　　　　다고 하지 않았는가?

최자남 : 그런 일도 없다.

재판장 : 폭탄의 형상을 말하라고 하니까 네 손으로 이렇게 그려 놓
　　　　기까지 하고서 지금은 모른다고 하는 것이 말이 되는가?

최자남 : 그것은 원산경찰서에서 무슨 사진을 보여주면서 네가 맡았
　　　　던 폭탄이 아니냐고 하면서 이와 같이 그려놓으라고 해서
　　　　할 수 없이 그려놓은 것이다.

재판장 : 그때 그 사진을 보고 그와 똑같은 물건을 맡았다고 하지 않
　　　　았나?

최자남 : 그런 말 한 적 없다.

재판장 : 남대문역 폭탄사건을 듣고서 이것은 강※ 소행이 틀림없으니 강이 포박되는 날 피고도 포박될 것으로 예상하고 아무쪼록 집안일을 잘 처리하라고 아내에게 부탁한 적이 있지 않은가?

최자남 : 그건 아무 근거 없는 얘기다. 설사 그런 일이 있다고 해도 여자에게 그같은 말을 할 놈이 어디 있겠는가?

재판장 : 예심에서는 그렇게 말하지 않았는가?

최자남 : 그런 일 없다.

재판장 : 피고가 원산경찰서에서 목을 매 죽으려고 한 것은 스스로 목숨을 끊어 연루자가 잡히지 않도록 하기 위한 것이 아닌가?

최자남 : 아니다. 그때 원산경찰서에 우리 내외가 모두 잡혀 무수한

악형을 당하는 중이어서 내가 죽으면 내 아내라도 목숨을 건져 집안일을 돌보게 하려 했던 것이다.

재판장 : 당치 않는 말이다. 피고가 죽는다고 아내가 살 수 있으며, 피고가 산다고 네 아내가 죽을 수 있단 말인가? 나이 40이 넘은 자가 그같은 어리석은 말을 하는 게 부끄럽지도 않은가? 고무로 만든 폭탄이 어디 있단 말인가? 세 살 먹은 어린아이의 수작만도 못하지 않은가?

재판장은 최자남이 예심 등에서 혹독한 고문에 못이겨 한 거짓증언을 번복하자 거듭 예심 때의 발언을 강조하였고, 심지어 인신공격성 발언도 서슴지 않았다. 최자남에 대한 재판장의 심문은 계속됐다.

재판장 : 블라디보스토크로 돈을 받으러 간 것은 언제인가?

최자남 : 날짜는 잘 모르겠으나 작년 음력 6월로 기억된다.

재판장 : 새 집으로 떠나온 지 며칠만에 블라디보스토크로 갔던가?

최자남 : 아마 20여일 후인 듯하다.

재판장 : 며칠만에 블라디보스토크에 도착했는가?

최자남 : 이틀만에 도착했다.

재판장 : 예심에서는 5일만에 도착했다고 하지 않았나?

재판장 : (증거품으로 선표를 내보이면서) 그때 가졌던 선표船票가 분명한가?

최자남 : 그렇다.

재판장 : 이 표를 산 날 떠났는가?

최자남 : 그 표는 떠나기 전날 미리 산 것이다.

재판장 : 블라디보스토크로 갈 때 강姜으로부터 노인단에 전해달라는 부탁을 받은 일이 있는가?

최자남 : 노인단과 관련한 부탁은 전혀 없었고, 다만 그곳 강부위姜副尉라는 사람에게 전해달라는 편지밖에 없었다.

재판장 : 그게 무슨 소리인가? 서양봉투에 봉한 답장편지를 받아서 양말 속에 넣어 신은 다음 구두를 신고 와서 강姜에게 주었다고 하지 않았는가?

최자남 : 그것도 거짓말이다.

재판장 : 그 편지는 임시정부로부터 이동녕李東寧이 군자금 모집하라는 편지라고까지 하지 않았나?

최자남 : 그것도 역시 거짓말이다.

재판장 : 8월 25, 26일 경 강우규의 소청으로 한흥근韓興根이란 자를 보게 하였는가?

최자남 : 그렇다.

재판장 : 그때 강우규와 한흥근이 사람이 없는 산으로 올라가서 무슨 비밀스런 말을 한 일이 있는가?

최자남 : 그건 모르겠다.

재판장 : 그 뒤 강우규는 서울로 올라가고 한흥근은 무슨 전보를 강姜에게 보내달라는 부탁을 받고 피고는 곧 강姜에게 전보를 보냈지 않은가?

| 블라디보스토크의 노동야학교 학생들

| 블라디보스토크의 한인들

최자남 : 그랬다.

재판장 : 그 전보에는 '자식이 왔다'는 암호에다 강영일姜寧一로 변명變
名하여 보냈지 않은가?

최자남 : 그리하였다.

재판장 : (전보 원서原書를 내보이며) 전보를 보낼 때 쓴 것이 이것인가?

최자남 : 그렇다.

재판장 : 허형이 8월 31일 강姜의 사자使者로 피고의 집을 다녀갔는
가?

최자남 : 그렇다.

재판장 : 허형이 왔을 때 피고에게 무슨 물건을 찾으러 왔다고 하지
않던가?

최자남 : 그런 일 없다.

재판장 : 예심에서는 그때 허형이 폭탄을 가지러 왔다고 하더라고 하
지 않았는가?

최자남 : 그것도 역시 거짓말이다.

재판장 : 피고가 제2회 예심에서 대답한 것이 허형의 대답과 동일하
지 않아 허형과 대질까지 하지 않았는가?

최자남 : 그때도 거짓말을 했다.

재판장 : 예심에서도 형벌이 있을 줄 알고 모두 시인했다고 하면 지
금 이 재판정에는 형벌이 없는 줄 아는가?

최자남 : 구치감에서 오래 묵은 죄수에게 듣고 알았다.

재판장 : 그런 말을 듣고 예심에서 시인한 것을 여기서 부인만 하면

아무 죄가 없을 줄 아는가?

최자남에 대한 심문이 끝나고 이어 허형에 대한 심문이 이어졌다. 이 심문은 낮 1시경까지 계속됐고, 재판장은 잠시 휴식을 위해 폐정을 선언했다.

재판장 : 피고는 주인의 돈을 많이 없애버리고 서울에 와서 있지 않은가?

허 형 : 그렇다.

재판장 : 그 까닭으로 고향으로 가지 못하고 북간도로 가려고 원산으로 박태희朴泰熙란 사람을 찾아보고 북간도로 가겠다고 말하지 않았는가?

허 형 : 그렇다.

재판장 : 그때가 8월 20일경인가?

허 형 : 날짜는 잘 모르겠다.

재판장 : 그때 차장로車長老의 소개로 강우규를 소개받아 피고가 최자남의 집으로 강우규를 찾아본 적이 있는가?

허 형 : 그렇다.

재판장 : 그때 강우규에게 여행권이 없으면 북간도로 갈 수 없다는 말과 또는 러시아 배가 없어서 블라디보스토크 같은 곳으로 갈 수도 없다는 말을 듣고 할 일 없이 서울로 올라온 적이 있는가?

허 형 : 그렇다.

재판장 : 그때 서울로 올 때 피고는 원산에서 출발하고 강우규는 갈마역葛麻驛에서 출발하다 중도에 석왕사 영월여관에서 동숙한 일이 있지 않은가?

허 형 : 그렇다.

재판장 : 서울로 올라온 후 강우규의 소개로 김종호의 집에서 숙박하였는가?

허 형 : 그렇다.

재판장 : 그 뒤 강우규가 남문 밖 여관으로 옮긴 후에 강우규가 피고를 찾아와서 피고와 같이 남문 밖으로 나가서 강유규의 여관을 기억하러 간 적이 있지 않은가?

허 형 : 그렇다.

재판장 : 그때 최자남으로부터 자기에게 전보가 오는 대로 곧 일러달라는 부탁을 받지 않았는가?

허 형 : 그렇다.

재판장 : 또 8월 31일 아침에 강우규가 어떤 시골사람 두 명과 함께 피고를 찾아온 일이 있지 않은가?

허 형 : 그렇다.

재판장 : 그 시골사람 두 명은 왜 왔던가?

허 형 : 강우규가 동물원 구경시켜주려고 데리고 왔다고 하더라.

재판장 : 그때 왔을 때 전보 온 것 없느냐고 물어보지 않았나?

허 형 : 강우규가 물어 보았다.

재판장 : 전보가 왔다는 피고의 말을
들고 강우규가 원산으로 가서
무엇을 갖다 달라는 부탁을
하지 않았나?

허　형 : 그렇다. 그때 내가 승낙까지
하였다.

재판장 : 그때 가지고 오라는 것은 원
산 최자남의 집에 가서 폭발
탄을 갖다 달라고 한 것이 아
닌가?

허　형 : 아니다. 전염병에 쓰는 약품인

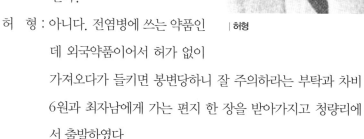

| 허형

데 외국약품이어서 허가 없이
가져오다가 들키면 봉변당하니 잘 주의하라는 부탁과 차비
6원과 최자남에게 가는 편지 한 장을 받아가지고 청량리에
서 출발하였다.

재판장 : 그 편지는 최자남에게 전하지 않고 피고가 중간에서 보고
뜯어버리지 않았나?

허　형 : 그렇다. 청량리에서 뜯어보고 버렸다.

재판장 : 그 편지를 버린 이유는 후일 관헌에게 잡히면 증거품이 되
지 않게 하려고 버린 것이 아닌가?

허　형 : 아니다. 그 편지를 뜯어보니 '맡긴 물건을 보내라'고만 하였
기에 그런 물건 가지고 오다가 포박을 당할까 겁이 나서 편

지를 전하지 않으면 물론 최자남이 물건을 주지 않을 터이
니까 그리 한 것이다.

재판장 : 그때 피고는 그 물건이 전염병에 쓰는 약품이 아니라 폭탄
이라는 것을 알지 않았나?

허　형 : 아니다. 꼭 강우규가 말한 그런 약인 줄 알았다.

재판장 : 그러면 예심에서 한 말과 틀리지 않은가?

허　형 : 그런 말을 한 기억이 없다. 그리고 혹 그 약이 전염병에 쓰
이는 것이 아니라 강산에도 쓰는 것인가 했다.

재판장 : 그럼 폭발물로 안 것이 아니라는 것인가?

허　형 : 폭발물로는 생각하지 않았다.

허형에 대한 오전 심문이 끝나고, 오후 2시에 다시 심문이 이어졌다.

재판장 : 9월 2일 남대문역에서 폭발사건이 있었음을 언제 알았는
가?

허　형 : 그날 저녁에 알았다.

재판장 : 어디서, 어떻게 알았는가?

허　형 : 삼각지에 있는 기생 김을주 집에서 듣고 알았다.

재판장 : 그 이야기를 듣고 어떻게 생각했는가?

허　형 : 오직 하인에게 그런 말을 들어서 아무 생각이 없었다.

재판장 : 피고는 전자의 관계와 왕래로 인하여 강우규가 던진 것으로
짐작하지 않았던가?

허 형 : 당초부터 그런 일은 모르니까 그가 던진 줄도 모른다.

재판장 : 김을주 집에서 강우규에게서 온 편지를 뜯어보았는가?

허 형 : 아니다. 여관으로 돌아와서 그 이튿날 뜯어보았다.

재판장 : 그 편지는 임시정부 군무총장 이동휘가 강우규에게 보낸 것
　　　　 인데, 그 내용은 군자금을 모아달라는 것이 아니었는가?

허 형 : 그 편지의 사연이라면 그렇다.

재판장 : 한 사흘 후 피고가 김종우 집을 찾아가서 강우규의 모양을
　　　　 보고 있었지 않은가?

허 형 : 가기는 갔었지만 꼭 그 모양을 보려고 간 것도 아니고 동시
　　　　 에 무슨 까닭이 있어서 간 것도 아니다.

재판장 : 9월 3일 아침에 김종우 집으로 찾아가서 강우규와 무슨 이
　　　　 야기를 나눴는가?

허 형 : 아무 이야기도 하지 않았다.

재판장 : 그러나 폭발사건에 대하여 여관 주인과 이야기 한 적은 있
　　　　 었지 않은가?

허 형 : 여관 주인이랑 강우규랑 그런 이야기를 했지만 누가 그런
　　　　 짓을 했는지는 몰랐다.

재판장 : 강우규에게 5일에도 갔었는가?

허 형 : 갔었다. 강우규가 혼자서 무슨 신문을 보고 있었는데 일본
　　　　 신문이었다. 강우규가 나보고 신문기사 번역을 좀 해달라기
　　　　 에 기사를 보니 폭탄사건의 범인은 나이 한 사십 세 되는 조
　　　　 선 사람으로, 노령에서 온 사람이라고 해서 강우규를 의심

하였지만 강우규는 자신이 그 사건과 아무 관계가 없다고 말했다.

재판장 : (『대판매일신문』을 내어 놓으며) 이 신문이 그 신문 맞는가?

허　형 : 그렇다.

재판장 : 그런데 피고는 (범인의 나이를) 사십 세가 아니라 오십 세로 생각하지 않았던가?

허　형 : 아니다, 그런 생각을 하지 않았다.

재판장 : 그러면 왜 예심판사에게 오십 세 이상으로 짐작한다고 말했는가?

허　형 : 신문을 보고 생각해서 말을 한 것이다.

재판장 : 예심정에서 범인이 강姜이라고 말한 것은 무엇인가?

허　형 : 그때는 그런 말을 했지만 실상을 몰랐다.

재판장 : 강우규와 같이 '폭탄이 하나 더 있었으면 좋겠다'고 말한 적이 있는가?

허　형 : 그런 말을 한 적이 없다.

재판장 : 피고가 원산까지 가서 폭탄을 가져왔고, 또 중국 요리집에서 서로 상관하여 이야기 한 결과 피고는 강우규가 폭탄사건의 범인인 줄 알지 않았던가?

허　형 : 대강 짐작은 하였지만 분명히는 몰랐다.

재판장 : 예심에서는 강姜을 의심했다고 말해놓고선 지금은 왜 분명히 말하지 않는가?

허　형 : 내가 안 것은 강의 자백으로 인하여 알았다.

재판장 : 그처럼 말을 어름어름하게 하는 것은 죄를 면하고자 그리
　　　　 대답하는 것인가?

허 　형 : 실상 강우규가 나에게 자백한 일은 없었으므로 모르겠다.

재판장 : 그럼 예심에서 한 것은 모두 거짓말인가?

허 　형 : 그렇다.

이에 재판장은 '피고가 이에 대해 분명히 대답을 못하는 것은 예심에서 말한 바와 같은 자백이 진정한 듯하다'며 피고를 물러가게 하였다.

마지막으로 오태영에 대한 심문이 이어졌다.

재판장 : 종교는 무엇인가?

오태영 : 기독교 장로파를 믿는다.

재판장 : 지난 3월 1일 독립시위운동 때 참가하였다가 체포돼 공판에
　　　　 부쳐진 일이 있는가?

오태영 : 그렇다.

재판장 : 그때 그 사건이 어떻게 종결되었는가?

오태영 : 보석으로 나왔으나 이번 일로 다시 붙잡혀왔다.

재판장 : 보석이 되자 고향으로 돌아갔었는가?

오태영 : 그렇다.

재판장 : 언제 다시 상경하였는가?

오태영 : 8월 30일 상경하였다.

재판장 : 김종우 집에 언제부터 묵었나?

오태영 : 9월 1일부터 묵었다.

재판장 : 허형과는 언제부터 알았나?

오태영 : 김종우 집에서 그 이튿날부터 알기 시작했다.

재판장 : 어떤 관계로 알게 되었나?

오태영 : 동창생 이도제가 묵고 있는 방에 가서 허형을 만나 알게 되었다.

재판장 : 강우규와는 언제부터 알게 되었나?

오태영 : 내가 9월 5일 어디를 다녀오는데 그때 강우규가 문턱에 서있다가 나를 보고 하는 말이 '우리 인사나 하고 지내자'고 하길래 내가 먼저 인사를 못한 것이 결례 같아서 얼른 인사를 했다.

재판장 : 강우규의 방과 피고의 방이 같이 붙어 있었는가?

오태영 : 아니다. 떨어져 있었다. 중간에 뜰이 있었다. 자세히 말하면 강姜의 방은 남향이었고, 내 방은 서향이었다.

재판장 : 9월 2일 남대문역에서 발생한 사건을 어떻게 알았나?

오태영 : 그날 저녁에 알았다. 그때까지 어디를 다니다가 오후 6시경에 돌아오니까 여관 주인의 아들이 자신이 목격한 바를 들려주었다.

재판장 : 9월 5일 이후 강姜과 서로 이야기하고 지냈는가?

오태영 : 그런 일은 없었다.

재판장 : 그러면 그 이튿날, 즉 6일에도 강우규 방에 가지 않았는가?

오태영 : 가지 않고 집 뜰에서 여관 주인이랑 강우규랑 친구들과 함

께 이야기하며 논 일이 있다.

재판장 : 그때 폭탄사건에 대하여 얘기한 적은 없는가?

오태영 : 없었다.

재판장 : 예심에서는 그날 강우규랑 얘기를 나눴는데, 그날 강우규의 말이 자못 과격하였다고 하였는데 그건 무슨 뜻인가?

오태영 : 가회동으로 여관을 옮긴 이후 서로 만나 얘기를 나눈 적이 있다.

재판장 : 9월 6일 신문에서 범인은 노인인데 노령에서 온 사람이란 기사를 본 일이 없는가?

오태영 : 폭발탄 제작에 대한 기사는 보았다.

재판장 : 범인이 노인인 줄을 알았는가?

오태영 : 그날 알았다. 그것도 어느 가게에서 누가 신문을 보는 것을 곁에서 보고 알았다.

재판장 : (『대판매일신문』을 꺼내 보이며) 이 신문이었는가?

오태영 : 그 신문이 대판매일인지 조선의 『매일신보』였는지 모르겠다.

재판장 : 9월 6일 이후 강義과 만나 얘기한 적 있었는가?

오태영 : 있었다.

재판장 : 9월 7일 강義의 방에 가서 얘기하면서 (폭탄사건의) 범인은 노인이며, 폭탄은 노령에서 가져온 것이라고 말하지 않았나? 즉 신문에 난 기사와 비슷하니까 피고도 (강우규가 범인이라고) 짐작은 한 것 아닌가?

오태영 : 그런 짐작은 하지 않았다. 강우규가 처음 나와 인사할 때 자신의 집은 함경도 홍원인데 장사를 하러 왔다고 했다. 그런데 나중에 강姜이 자신은 노령에서 왔으며, 군정부軍政部의 명령과 부탁이 있었기 때문에 이것을 성공시켜야 하며, 만약 일을 착수하기도 전에 체포되면 안되니 조용한 방을 하나 정해 달라고 부탁하는 말을 들었다.

재판장 : 그런 말을 들었다면 강우규가 진범이라는 것을 알아차렸나?

오태영 : 아니다. 나는 강姜이 군정부의 의뢰로 온 사람인 줄로만 알았지 폭탄사건의 범인이라고는 생각하지 않았다.

재판장 : 예심정에서는 강우규를 의심하였다고 하지 않나?

오태영 : 『매일신보』를 보고 강姜을 의심은 하였다.

재판장 : 피고가 강姜의 여관까지 정해주는 관계였다면 능히 그 내용을 다 알고 있지 않았는가?

오태영 : 군정부의 명령을 수행한다기에 여관을 정해주었다.

재판장 : 알고 지내던 허형이 피고에게 범인이 강우규라고 말해주지 않았나?

오태영 : 그런 말을 한 적 없다.

재판장 : 9월 7일 피고가 강우규를 가회동 장용구의 집으로 옮겨주었는가?

오태영 : 그렇다.

재판장 : 그 후 때때로 강우규를 찾아갔었는가?

오태영 : 세 번 찾아갔었다.

재판장 : 처음 간 것은 언제인가?

오태영 : 7일이다.

재판장 : 그날 무슨 말을 하던가?

오태영 : 아무런 말도 하지 않았다.

재판장 : 그 이튿날은 어떤 얘기를 나눴나?

오태영 : 잠깐 얘기를 나눴다. 강우규에게 군정부의 명령이 무엇이냐고 내가 물어보았더니 군정부의 명령서를 허형이 가지고 있으니 그걸 찾아오라고 해서 허형을 찾아가서 함께 강우규의 여관으로 되돌아 왔다. 그 명령서는 이동휘로부터 온 것으로, 군정부의 군자금을 모아달라는 것이었다.

재판장 : 그때 강우규가 '조선 안에 있는 청년은 모두 다 죽은 청년들이다. 무슨 일을 하던지 죽는 것을 무서워해서는 안 된다'고 말했다고 예심에서 자백하지 않았나?

오태영 : 그런 말을 했다.

재판장 : 9일에도 갔었나?

오태영 : 갔었다. 강우규는 이날도 독립담에 대한 얘기를 들려줬다.

재판장 : 그런 상황에서 강우규가 범인이라는 걸 몰랐나?

오태영 : 조금도 그와 같이 생각하지 않았다.

재판장 : 알면서도 이처럼 모르는 체하는 것은 어떤 이유에선가?

오태영 : 그렇지만 범인을 숨긴 것은 아니다.

재판장 : 군정부의 명령서를 가지고 자비로 경주慶州까지 간 것인가?

오태영 : 그렇다.

재판장 : 그 결과는 어땠나?

오태영 : 경주 최익선의 집에 갔더니 최익선은 너무 늙어서 그의 셋째아들을 만나 이 뜻을 전해달라고 했더니 우리집의 형님도 임시정부와 관계가 있으니 이는 소용이 없다고 하기에 서울로 올라와서 강우규에게 명령서를 돌려주었다.

재판장 : 피고는 3월 1일 독립운동에 참여하여 보석으로 나온 몸으로서 경주까지 가서 군정부의 명령서를 가지고 다닌 것이 옳은 줄 아는가?

오태영 : 물론 법률에는 저촉되는 줄 알지만 나도 독립을 희망하는 마음이 있기 때문이다.

공범의 심문이 끝나고 '공범' 3인에 대한 심문이 모두 끝나자 재판장은 강우규를 불러 세우고는 이들의 진술을 경청한 소감을 물었다. 이에 대해 강우규는 3인의 진술 가운데 오태영의 말이 가장 조리가 있고 또 그 내용도 옳다고 평가했다. 이어 최자남에 대해서는 강우규가 폭탄을 가지고 있다는 것을 자신도 알았다고 진술한 것은 매에 못이겨 거짓말을 한 것이라며, 최자남에게 폭탄에 대한 이야기를 조금도 얘기를 한 적이 없다고 밝혔다. 덧붙여 군정부의 명령서는 최자남이 가지고 온 것이라고 주장했다. 끝으로 허형에 대해서는 실망감을 감추지 않았다. 강우규는 그의 진술에 대해 '도무지 무엇을 말하는지 모르겠다. 아마 형벌이 무서워 벌벌 떨면서 대답한 듯 한데 어린아이의 말만도 못하다'고 불만을 토로했다.

　강우규 등 피고 4인에 대한 심문이 끝나자 사카이境 검사는 피고 모두에게 실형을 구형했다. 강우규에 대해서는 살인미수죄를 적용, 형법 제199조, 제203조, 제54조 및 폭발물취체규칙 제1조, 제12조에 의거하여 사형을, 허형에 대해서는 폭발물취체규칙 제8조에 의거하여 징역 1년 6개월을, 최자남에 대해서는 정상情狀은 자세하지 않지만 동 규칙 제5조에 의거하여 징역 3년을, 마지막으로 오태영에 대해서는 동 규칙 제9조, 제12조에 의거하여 징역 1년을 각각 구형하였다. 제2차 공판은 이날 오후 5시 반에 모두 끝나고 강우규 등 피고들은 대기하고 있던 마차를 타고 모두 구치감으로 향했다. 이날 검찰의 구형에 대해 강우규 등 피고 전원은 모두 불복의 뜻을 내비쳤다.

5
사형 선고를 받다

드디어 운명의 날이 다가왔다. 강우규 등 4명에 대한 선고공판이 열리는 2월 25일, 이날 경성지방법원 일대는 오전부터 재판을 방청하려는 방청객들도 북적였다. 부친의 판결을 지켜보기 위해 방청석에 자리를 잡은 강우규의 장남 중건은 부친이 입정하자 '아버지! 하루 세 끼는 잘 잡수십니까'라며 안부를 묻자 강우규는 '그까진 말은 왜 하느냐, 듣기 싫다'며 다소 역정을 냈다. 중건으로서는 아침저녁 식사도 챙겨드리지 못하는 처지에서 고령의 부친이 걱정이 돼서 던진 안부 인사말이었다. 그러나 강우규는 아들의 인사말이 너무 한가하고 그 자리에 어울리지 않는다고 여겼던 것 같다. 왜냐하면 이미 2차 공판에서 사형이 구형됐고, 오늘 선고공판에서 특별한 이변이 없는 한 사형선고가 거의 확실시되는 상황이었기 때문이다.

오후 1시 정각, 다치가와立川 재판장에 이어 배석판사들이 열석列席하자 재판장은 강우규 등 피고 4명을 불러 세우고는 판결문을 읽어내려

| 사형을 선고 받는 강우규 관련 기사(『매일신보』 1920. 2. 27)

갔다. 재판장은 피고들의 진술내용, 목격자 및 피해자들의 증언, 폭탄 감정 결과 그리고 폭탄 파편 등 여러 증거물을 토대로 판단할 때 유죄가 입증된다며 다음과 같이 선고했다.

강우규   사형
최자남   징역 3년
허형   징역 1년 6개월
오태영   무죄

검사의 구형과 비교해 볼 때 강우규·최자남·허영 등 3인은 형량의 변화가 없었다. 다만 오태영에 대해서는 무죄가 선고됐다. 재판부는 오태영이 강우규가 폭탄 투척 범인임을 알고도 이를 경찰에 신고하지 않은 점, 또 강우규의 부탁으로 가회동 82번지 장익규의 집으로 은신하도록 도와준 점 등은 인정되나 이를 인정할 만한 증거가 충분치 않다며 무죄를 선고했다. 오태영은 이날로 석방되었다. 세인의 관심을 끌었던 이른바 '남대문역 폭발사건'은 이리하여 사건 발생 근 6개월 만에 일제당국의 사법처분을 받고 일단락되었다.

강우규에 대한 사형 선고와 관련해 재판부는 여러 적용 법규를 거론하며 복잡한 설명을 곁들였다. 우선 폭탄 투척은 폭발물 취체규칙 제1조 전단에 해당하는 범죄로서 사형 또는 무기, 혹은 7년 이상의 징역 또는 금고에 해당한다는 것이다. 또 폭탄을 던져 사이토 총독을 살해하고자 했던 것은 살인미수로, 형법 제199조, 제203조에 근거해 사형 또는 무기, 혹은 3년 이상의 징역에 해당되며, 다치바나橘香橘와 스에히로末以又二郎에 대한 상해치사는 형법 제205조 제1항에 의거, 2년 이상의 유기징역, 기타 중경상자 35명에 대한 상해는 형법 제204조에 의거하여 10년 이하의 징역 또는 500원 이하의 벌금 내지 과태료에 해당한다고 밝혔다. 특히 강우규의 경우 하나의 행위가 여러 개의 죄명에 저촉되는 견련범牽連犯이므로 형법 제54조 제1항 전단 제10조에 따라 가장 무거운 살인미수죄를 형에 따라야 하며, 범죄가 이루어진 정황이 무거워 사형에 처한다고 덧붙였다.

이밖에 공소 재판비용 50원은 5분分하여 그 3을 피고 강우규가 부담하고 나머지를 피고 최자남과 허형이 각각 1씩 부담토록 했다. 또 수사과정에서 압수한 증거물품 가운데 탄피는 '범죄행위를 조성한 물건'이라며 재판부가 몰수하였다. 그러나 나머지 증거물, 즉 강우규가 폭탄을 싸는 데 사용했던 명주천 조각, 강우규가 사건 현장에서 썼던 파나마모자와 수건 그리고 최자남이 원산에서 보낸 전보와 블라디보스토크로 갈 때 사용한 배 승선표 등은 모두 되돌려주었다.

한편 1심 재판부의 판결문에는 거사 당일 강우규의 행적을 비롯해 목격자들의 증인신문조서, 중경상자들의 시말서 및 이들을 진단한 의사의 진단서, 폭탄 전문가의 폭탄감정서 등이 포괄돼 있다. 이 자료들을 통해 강우규가 폭탄을 투척할 당시의 상황을 입체적으로 재구성해 볼 필요가 있다. 왜냐하면 사건 당시 각자는 자기가 서 있던 자리에서 목격한 것만 알 수 있을 뿐 전체적인 상황은 파악할 수가 없었다. 강우규 역시 2심 공판에서 "폭탄을 던진 후의 일은 모른다. 나는 다만 (폭탄을) 던졌으니까 총독은 죽었으리라고 생각하고 하나님께 기도만 하였을 뿐, 당시 진상은 모른다. 나는 춤추며 내가 지은 시詩를 읊으려 할 적에 총독은 죽지 아니하고 마차가 굴러감을 보고 나는 실망 낙담하였다"고 밝힌 바 있다. 결국 조각 맞추기를 통해 전체 그림을 파악하는 수밖에 없다. 먼저 판결문의 이유 부분에 나와 있는 강우규의 폭탄 투척상황을 살펴보면 다음과 같다.

오후 4시경부터 조선총독 환영을 위해 많은 수레와 말이 모여드는 것을 보고 급기야 총독의 서울 도착이 확실함을 알게 되었다. 총독이 타고 갈 마차를 물색하다가 마침 정거장(역) 귀빈실 입구 앞에서 이것을 발견하곤 폭탄 투척의 위치를 선택하고 귀빈실 동북쪽 울타리 부근에 있는 다방 입구 앞 군중들 속에 섞여 시기를 기다리고 있었다.

5시가 넘어 정거장에 도착한 열차에서 신임 사이토 총독은 부인과 비서관과 상호 전후하여 마차에 탔으므로, 피고 강우규는 사전 신문에서 본 사진에 따라 틀림없음을 확인하고 폭탄을 꺼내 오른손에 잡고 왼손으로 천을 덮어 폭탄을 감춘 뒤 투척의 준비를 완전히 갖추었다. 그리하여 왼손으로 안전핀을 뽑아 폭탄을 투척하면 마차 주위에 있는 사람들이 부상을 입게 될 것을 예상하면서 약 13.4m 거리에서 마차 위에 타고 있는 조선총독 사이토의 가슴을 겨냥하여 투척했던 바, 마차 앞 약 7보步 지점에 떨어져 꽝! 하는 굉음과 더불어 이 폭탄은 파열하여 사방에 흩어지고 그 중 몇 개의 파편이 조선총독 승용마차에 맞고 한 개가 마차의 후방을 관통하여 조선총독의 허리부분 대검帶劍을 손상했을 뿐이다.

다음은 네 명의 증인이 예심에서 증언한 폭탄 투척 당시의 상황을 살펴보자.

나는 9월 2일 사이토 총독의 서울 도착을 구경하러 가 다방 앞문 오른쪽에서 구경하고 있었다. 그 앞에는 비스듬히 인력거가 줄지어 서 있고 다방 입구 앞에는 내 위치에서 5~6m 거리에 십 수명의 내선인內鮮人이 서서 구경을 하고 있었다. 총독이 귀빈실에서 나와 마차에 올라 5~6m 쯤 달렸는가 할 무렵, 수십 명의 구경꾼이 서 있는 오른쪽 길 위 3, 4척尺 거리에 총독이 타고 있는 마차 쪽으로 고무공 크기만 한 까만 물건이 굴러가는 것이 보였고, 그것이 담배연기 정도의 연기를 내뿜고

있는 것이 보인 듯하다. 이 검은 물건은 총독의 마차 뒤에 떨어져 2, 3
초 뒤 폭음이 일어났으며, 그 폭음과 함께 본인은 미끄러져 인력거 옆
에 넘어졌다가 즉시 일어났다. 그때 총독의 마차는 정거장 입구 앞을 달
리고 있고, 수십 명의 구경꾼들이 놀라 당황하면서 정거장 입구 쪽으로
피해갔다. 그때 한 사람의 조선인은 유유히 늘어져 있는 인력거 뒤를 걸
어서 정거장 입구 쪽으로 옮겨 갔다. 그 조선인의 오른쪽 손에는 무언가
가지고 있었고, 구렛나루와 턱수염이 제법 자란 백발이 성성한 55~56
세 쯤 되는 당당한 사나이였으나, 노동자풍風은 아니었다.

– 오노大野次郎, 18세, 남만주철도회사 경성관리국 소속 열차 급사

　　사이토 총독은 9월 2일 하오 5시경 남대문역에 도착하여 귀빈실로
들어가 그 입구에 대기중인 마차를 타기 위해 입구로 나오자 의복병儀伏
兵이 경례를 하고 총독이 답례하면서 나팔 연주가 끝나기를 기다렸다.
그리고 마차에 올라 오른쪽에 앉고, 본인은 그 앞쪽에 앉았으며 총독 부
인은 그 왼쪽에 앉았다. 그와 동시에 마차는 달리기 시작하여 마차가 마
침 다방 부근에 이르렀을 때 돌연 마차 후방에서 큰 폭음이 들리고 연기
가 치솟았다. 그러자 군중들이 당황하여 우왕좌왕하는 것을 보고 총독
은 나에게 '다이나마이트를 던졌구나' 하고 말했기 때문에 본인은 비로
소 폭탄이라는 것을 알았다. 이 사이에도 마차는 걸음을 멈추지 않고 그
냥 달려가 관저官邸에 도착했다. 도착 후 총독이 자기 허리께에 충동을
느꼈다고 말해 조사해본 즉, 흰 하복의 오른쪽 허리쯤 접어올린 부분에
구멍이 뚫어져 있고 혁대가 약간 찢어져 있었다. 그리고 찢어진 혁대 속

에 조그만 파편이 들어 있었다. 그리고 마차 뒷부분에는 여섯 곳에 탄흔 彈痕이 있고, 그 중 한 개는 관통하였고 하나는 총독과 부인과의 사이에 있던 의자에 탄편彈片이 끼어 있었다. 또 하나는 마차의 등 뒤, 기대는 부분에 박혀 있었다.

— 이또伊藤武彦, 사이토 총독의 비서관

1919년 9월 2일 하오 5시 10분, 총독이 남대문역에 도착하여 귀빈실에 들어가 귀빈실 앞 목책木柵 곁에 대기중인 마차에 올라 오른쪽으로 꺾어 동쪽을 향해 서서히 달리기 시작했을 때 아홉 번째의 예포禮砲가 울리고 난 뒤 약 2분쯤 지나 폭음이 났으므로 뒤를 돌아보니 총독의 마차의 뒷바퀴에서 뒤쪽 약 일곱 걸음, 즉 총독의 마차와 정무총감 마차 사이 중간쯤에서 연기가 조금 피어오르는 것을 보았다. 그래서 나는 직감적으로 폭탄을 던진 것이구나 하고 느꼈다. 길이 약간 패인 곳에 콘크리트 덩어리가 있어서 폭탄은 그 덩어리에 부딪쳐 반격한 파편이 흩어진 것으로 보였으며 주로 서쪽과 북쪽에 있던 사람들이 부상을 당했다.

— 나카오카長岡敬作, 신원 미상

본인은 다방 입구 앞에서 약 두 서너 걸음 귀빈실 목책木柵과 줄지어 있는 인력거 사이 약 2m의 공지空地 뒤쪽에 서 있었는데, 그 앞에는 약 40명 가까운 사람들이 서 있었다. 나의 오른쪽 앞에 있던 조선인이 직경 6cm 정도의 타원형의 검은 공을 총독이 있는 쪽으로 냅다 던지는 것이었다. 그 사나이를 퍼뜩 쳐다보니 그 조선인은 던지자 곧 뒤로 물러서서 2~3초 뒤 폭음소리를 듣고는 확 몰려드는 군중 속에 섞여 정거장 입구로 걸어가는 것이었다. 그러고는 유유히 어디론가 사라져 갔다. 그 사나이의 복장은 흰 무명복에 두루마기를 걸치고 나이 50세 정도였다.

－ 아리우마有馬英二, 신원 미상

증언자들의 증언 등을 종합하면 강우규의 폭탄 투척과 관련한 주요 사항을 아래와 같이 요약할 수 있다.

1. 폭탄 투척 시각 : 오후 5시 10~15분
2. 폭탄이 터진 장소 : 귀빈실 맞은편 다방 입구 인근
3. 투척 뒤 폭발까지의 소요시간 : 2~3초
4. 마차 출발 후 이동 거리 : 5~6m 혹은 약 10m
5. 폭탄의 외형상 크기와 형체 : 고무공 크기에 타원형의 검은 물체
6. 폭탄 투척 지점과 마차와의 거리 : 13.4m , 5~6간間
7. 폭탄 투하 지점과 마차와의 거리 : 7보

재판부가 포병대좌(대령) 시마다島田國彦에게 의뢰해 제출받은 폭탄감정서도 눈여겨 볼만하다. 폭탄전문가인 시마다 대령의 감정서에 따르면 강우규가 사용한 폭탄은 형태는 구형球形이 아니고 약간 가느다란 달걀모양, 즉 타원형을 하고 있었다. 크기는 짧은 쪽이 약 5~6mm, 긴 쪽은 약 8~9mm, 부피는 5~6mm 크기였다. 겉면에 깊이 약 2mm 정도로 서너 가닥의 가로 홈이 패여 있고, 11~12 가닥의 세로 홈도 같

이 패여 있었다. 재질은 주철鑄鐵로 만든 것으로, 탄체의 외부에 부피 약 4~6mm의 돌기부突起部가 있으며, 뒷면에는 직경 2mm의 작은 구멍이 나 있었다. 이 밖에 안전장치 또는 발화장치의 일부는 폭탄 외부에 있었다.

폭탄의 위력에 대해서는 몇 가지 되짚어볼 점이 있다. 왜냐하면 강우규가 던진 폭탄은 정작 목표물이었던 사이토에게는 큰 피해를 주지 못했다. 반면 사이토가 탄 마차 주변에 있던 사람들 다수가 다치거나 또는 그때 입은 상처의 후유증으로 2명이 사망했다. 이를 두고 1심 재판부는 강우규에게 상해죄와 상해치사죄를 적용한 바 있다. 그렇다면 강우규는 폭탄이 과연 총독 한 사람만을 살상할 것으로 예상했는지, 아니면 주변의 다른 사람에게도 피해가 갈 수 있다는 점을 예상했는지 여부가 관건이다. 이 점에 대해서는 1, 2심 공판에서의 강우규의 진술내용을 참고할 필요가 있다. 1심 공판내용 가운데 관련부분을 살펴보면 다음과 같다.

재판장 : 폭탄을 살 때 그걸 던지면 사람이 죽는 줄은 알고 샀는가?
강우규 : 러시아 사람에게 들어서 대강은 알고 있었고 그 외에는 몰랐다.
재판장 : 그것을 던지면 다수의 인명이 상하는 것인 줄은 알았는가?
강우규 : 아니다. 여러 명의 사상자가 생기는 것이 아니라 다만 내가 목표로 하는 원수 한 사람만 죽이는 물건으로 알았다. 폭탄을 보니 꼭지에 조그마한 구멍이 있는 고로 그 구멍으로 탄

약이 나와서 사람을 맞추는 것으로 알았다.

재판장 : 폭탄을 최자남에게 맡길 때 말하기를 그 폭탄에 줄이 있는
데 그 줄을 뽑으면서 바로 던지면 폭발되는 것이며, 또 그
위력은 육혈포 25~26병의 위력은 넉넉히 가진 것이라고
일일이 설명까지 했다는데.

강우규 : 그런 일 없다.

재판장 : 그러면 처음 살 때 그 효력이 얼마나 되는지 알고 샀는가?

강우규 : 별로 알지 못했다. 워낙 비밀스런 물건을 사는 것이 돼서 별
로 자세한 말도 못들었다. 다만 폭탄의 위력은 신문지상에
서 보니 독일에서 비행기로 장독 크기의 폭탄을 투하하자
커다란 집과 많은 사람들이 참혹히 죽는 것을 봤을 뿐이며,
이번에 내가 사용한 작은 폭탄 같은 것은 표적으로 삼은 사
람 한 명만 죽이는 것으로 알았다.

이 내용대로라면 강우규는 사이토 한 사람을 살상하기 위해 폭탄을
던졌다고 할 수 있다. 강우규가 생각하는 폭탄이라는 것은 독일군이 비
행기로 투하해 커다란 집과 많은 사람들을 참혹하게 죽이는 장독 크기
의 것이라고 할 수 있다.

강우규는 2심 공판에서도 이와 유사한 진술을 했다. 재판장이 '사람
이 많이 모인 곳에 폭탄이 터지면 다른 사람들이 많이 상할 줄을 몰랐느
냐'는 심문에 대해 강우규는 '나는 폭탄이란 말을 듣고 항아리만치나 큰
것으로 알았다. 그런데 내가 사용한 것은 폭탄이라 하나 끝이 뾰족한데

그곳에서 탄환 같은 것이 나와서 맞으면 맞은 사람만 죽고 다른 사람에게 위험한 일이 있는 것은 몰랐다'고 답했다. 강우규는 또 검사의 논고가 끝난 후 재판장의 허락을 얻어 행한 발언에서 '사형을 면하고자 이런 말을 하는 게 아니다'고 전제하고는 '폭탄의 위력을 정말 몰랐다. 내가 왜 그 불쌍한 신문기자나 사진반을 죽일 리가 있겠나. 나는 총독 한 사람만 죽이려 했다'고 거듭 강조했다.

1932년 윤봉길 의사가 상해 홍구虹口공원에서 일본군 관계자들을 향해 투척한 이른바 '도시락 폭탄'은 말 그대로 도시락 형태의 폭탄이라고 할 수 있다. 그러나 강우규가 던진 폭발물은 폭탄이라기보다는 요즘으로 치면 수류탄 정도에 해당하는 것이라고 할 수 있다. 그러나 나름으로 위력은 대단한 편이었다. 시마다 대령은 감정서에서 '폭탄이 터지는 지점에서 10m 내외의 거리에 있는 사람이나 동물을 살상할 수 있는 위력'이 있는 폭발물이라고 평가했다.

최자남 변호를 위해 공소 제기

1심 판결에 대해 강우규는 판결 당일 즉시 공소控訴를 제기하였다. 강우규가 공소를 제기한 가장 큰 이유는 동지를 살리기 위해서였다. 강우규는 공소 공판에서 "내가 공소를 다시 한 것은 결단코 사형을 면하기 위해서가 아니라 최자남을 변호하기 위해서이다"라고 밝힌 바 있다. 최자남은 판결 하루 뒤인 2월 26일 역시 공소를 제기하였다. 반면 허형은 1심 판결에 승복하고서 공소 제기를 포기하였다. 강우규와 최자남의 공소 기록은 3월 9일 경성지방법원에서 2심 법원인 경성복심覆審법원으로 이송되었다. 이로써 이 사건은 제2막을 맞게 됐다.

공소 재판은 당초 4월 5일 열릴 예정이었으나 돌연 14일로 연기됐다. 마침내 14일 오후 1시 반, 경성복심법원 7호 법정에서 재판이 열렸다. 이날도 법정은 방청객들로 여전히 넘쳐났다. 법정 안팎에서는 각 경찰서에서 파견된 경찰관 40~50명이 칼집을 번쩍이며 경계를 섰다. 이날 방청객 속에는 낯선 얼굴이 한 사람 있었다. 남편의 재판을 지켜보기위해 강우규의 부인이 멀리 중국 땅에서 건너와 아들 중건과 함께 재판을 지켜보았다. 쓰카하라塚原 재판장에 이어 하코다箱田 배석판사, 데라다寺田 검사가 열석하자 재판이 시작되었다. 팔자 수염을 쓰다듬으며 입정한 강우규는 의자에 앉아 허리 통증을 호소하며 편한 의자를 달라고 요구하였으나 재판장은 이를 허락하지 않았다.

재판은 사실 심문, 검사 논고, 변호사 변론 순으로 진행됐다. 먼저 재판장이 강우규에 대해 연령, 본적지 등을 확인한 후에 일문일답이 이어졌다. 재판장은 1심과 유사한 내용, 즉 강우규의 이력, 거사를 결심한계기, 폭탄 구입 경위, 거사 당일의 행적 등에 대해 물었다. 이에 대해강우규는 대개의 질문에 대해서는 '그렇다' 라고 짧게 답했다. 그러나폭탄의 위력을 사전에 파악하고 있었는지 여부 등에 대해서는 자세한설명을 곁들였다. 요지는 폭탄의 위력을 자세히 몰랐고, 사이토 총독 한사람만을 살상하기 위해 던졌을 뿐 주위 사람들에게 피해를 줄 생각은없었다는 것이었다. 이어 최자남에 대한 심문이 이어졌다. 마찬가지로최자남의 몇 가지 인적사항을 확인한 후 강우규와 알게 된 경위, 강우규가 폭탄을 맡겼는지 여부, 원산경찰서에서 자살을 시도한 이유 등에 대해 물었다.

재판장의 심문이 끝나자 검사가 논고를 시작했다. 데라다 검사는 강우규가 백주에 폭탄을 던져 총독을 살해하려한 것은 범죄의 구성요건을 확실히 갖추고 있을 뿐더러 폭탄을 던지면 군중에게 피해가 있을 줄 몰랐다고 하나 이는 구실에 불과할 뿐 실지로 수십 명의 사상자가 난 만큼 '살인미수범'과 '살인기수범'을 범했다고 주장했다. 또 최자남에 대해서는 경찰 및 검찰 조사, 예심, 제1심 등에서 한 진술이 일치하는 점으로 봐 폭탄 건에 대해 모른다고 주장하는 것은 구실에 지나지 않아 방조범으로 볼 수 있다고 주장했다. 데라다 검사는 논고를 마친 후 두 사람에 대해 1심 동일한 형량인 피고 강우규 사형, 피고 최자남 징역 3년을 구형했다.

이날 공판에서는 법정 관계자가 한 사람 더 늘었다. 변호사가 처음 등장한 것이다. 이 변호사는 최자남이 의뢰한 변호사로서, 이름은 마쓰모토松本正寛였다. 마쓰모토 변호사는 우선 검사가 강우규와 최자남이 공모했다는 주장에 대해 반론을 폈다. 그는 이번 사건에서 공모라고 하면 강우규가 최자남에게 누구를 죽이라는 말을 하였을 것인데 그간의 수사 및 재판 과정에서 그 어떤 관련기록도 찾을 수 없다며 최자남에 대한 공모 혐의를 정면으로 부인했다. 또 설사 최자남이 강우규의 공모자, 혹은 방조자라고 해도 살인에 대한 공모자나 방조자가 될 수는 없다고 주장했다. 그 이유는 살인죄는 누구를 죽이겠다는 결심이 생기기 전에는 결코 법法상 '살인 의지'를 구성치 못하는데 강우규가 살인, 즉 사이토 총독 처단을 블라디보스토크에서 했는지, 아니면 서울에 올라와서 결심했는지를 알 수 없기 때문에 공모가 성립할 수 없다는 논리를 폈다. 마쓰모토 변호사는 약 50분간에 걸쳐 열띤 변론을 폈지만 별다른 설득력을 갖지는 못했다.

재판부의 심문, 검사의 논고, 변호사의 변론이 끝나자 재판장은 피고들을 향하여 '더 할 말이 없느냐'고 묻자 강우규는 '할 말이 있다'며 발언 기회를 요청하고 다음과 같이 말했다.

"일본 천황이 세계평화와 같이 일반 신민臣民은 인도人道와 정의로써 모든 일에 대하여, 더구나 동양평화를 유지하기 위하여 노력하라는 칙명을 읽어본 후 그 성덕聖德에 감영하였소. 그런데 사이토 마코토는 제 나라의 황명皇命을 거역하는 역적이요, 동양평화를 깨뜨리는 사람이며, 인도주의 무시하는 사람이므로 내가 죽이려고 한 것이오. 나는 결코 달아나기 위해서 수염을 깎고 숨은 것이 아니라 남대문에서 죽지 못한 것이 크게 분하여 어떻게 해서든지 사이토 마코토를 죽이기 위하여 그리한 것이오."

공판은 이날 오후 6시에야 끝나고 재판장은 폐정을 선언하였다.

복심법원의 선고 재판은 그 달을 넘기지 않았다. 1차 공판을 한 지 불과 12일만인 4월 26일 선고 공판이 열렸다. 쓰카하라塚原 재판장은 판결문을 통해 강우규에게는 사형, 최자남에게는 징역 3년을 선고했다. 1심 재판부의 형량과 동일한 형량이다. 다만 재판부는 총독 이외의 사람들에 대한 상해치사 또는 상해 범죄에 대해서는 법 적용을 배제시켰다. 최자남의 공소에 대해서는 기각했다.

이날 복심법원 공판정에는 이례적인 방문자가 한 사람 있었다. 공판이 열리기 직전 미즈노 렌타로水野鍊太郎 정무총감이 법정을 방문해 재판관과 피고들을 둘러보고 갔다. 미즈노는 사이토와 함께 부임했는데, 강우규가 던진 폭탄이 터졌을 때 사이토 총독이 탄 마차 바로 뒤편 마차에 타고 있었다. 그는 사고 현장에서 별다른 피해를 입지는 않았다. 그러나 미즈노는 이 일로 조선인에 대한 더욱 악감정을 가지게 됐고, 후일 조선인들에게 엄청난 희생을 가져다주었다.

강우규 의거가 발생한지 꼭 4년 뒤인 1923년 9월 1일 일본 간토關東 지방에서 리히터 규모 7.9~8.4로 추정되는 대규모 지진이 발생했다. 이른바 '관동대진재'이라 불리는 이 재난으로 도쿄 지역과 요코하마 지역·지바현·가나가와현·스즈오카현 등에서 10여 만 명이 사망했고, 3만 7,000명이 실종됐으며, 20여 만 채의 건물이 전부 혹은 일부가 파괴됐다.

인명과 재산피해가 극심한 상황에서 민심이 흉흉해지고 사회질서가 혼란에 빠지자 일본 내무성은 이를 수습하기 위한 방책으로 계엄령을 선포하였는데, 당시 당국이 계엄령 선포의 근거로 내세운 것은 다름 아닌 '조선인 폭동설'이었다. 다시 말해 '재난을 틈타 조선인들이 방화와 폭탄에 의한 테러·강도 등을 획책하고 있으며, 심지어 우물에 독을 풀고 일본인들을 습격하고 있다'는 것이었다.

이같은 소문이 나돌자 일본인들은 조선인들에게 적개심을 가지게 됐고 곳곳에서 일본인들은 자경단自警團을 조직해 문제의 조선인 색출에 나섰다. 이들은 조선인임이 확인되면 가차 없이 살해하였으며, 신분을 숨기기 위해 일본인 복장을 한 조선인들을 식별해내기 위해 조선인들이 발음하기 어려운 일본어 발음을 시켜본 후 발음이 이상하면 즉석에서 살해하기도 했다. 일부 조선인들은 학살을 피해 경찰서 유치장으로 피신하였으나 일부 지역에서는 유치장으로까지 찾아와 학살을 자행하기도 했다. 이 와중에 엉뚱한 피해자도 생겨났다. 평소 경찰이 '요주의 인물'로 점찍어 뒀던 사회주의자·아나키스트·인권운동가·반정부 행위자 등 주로 좌파계열의 운동가들이 대거 학살을 당하기도 했다.

한바탕 피의 학살이 지나간 후 그제서야 치안당국은 '조선인 폭동설'의 진상파악에 나섰다. 당국은 탐문 끝에 문제의 괴소문이 유언비어였음을 최종적으로 확인했다. 이에 치안당국은 무고한 조선인을 학살한 자경단원 일부를 연행해 조사하였으나 대개 증거 불충분 등의 이유로 풀어주었다. 자경단들에 의해 조선인 학살이 자행될 당시 치안당국은 자경단원들의 만행을 조치하기는 커녕 오히려 수수방관하는 입장이었다. 결국 학살 피해자는 수천에 달했으나 이들을 살해한 혐의로 처벌받은 일본인은 단 한 사람도 없었다. 이 모두는 일본 내무성이 조작·유포한 조선인 폭동설에서 비롯하였는데, 당시 일본 내무대신이 바로 미즈노였다. 조선인으로서는 참으로 기구한 악연이었던 셈이다.

한편 강우규가 고등법원에 상고한 28일, 조선 전역에서는 대대적으로 감옥 문이 열렸다. 바로 이날 영친왕과 이방자李方子가 결혼식을 올려 조선 황실로서는 경사스런 날이었다. 이를 경축하여 조선총독부는 '은사恩赦 칙령'을 내리고는 조선인 정치범에 대해 대대적인 감형 조치를 취했다. 감형 대상은 4월 27일 이전에 형을 받고 복역 중인 자, 4월 27일

이전에 형이 확정된 자들이었다. 전국적으로 감형 대상은 5,000여 명에 달했는데, 석방자는 1,000여 명으로 추산됐다. 당일 서대문감옥과 경성감옥 문을 나선 사람만도 500여 명이나 됐다. 졸지에 출옥하는 이들이 미처 귀향 경비를 마련하지 못하자 경성구호회와 『동아일보』가 나서서 이들에게 성금을 모아 주기도 했다.

그러나 이같은 '은전恩典'도 예외가 있었다. 우선 살인, 강도, 방화범에 대해서는 관례적으로 '은전'이 주어지 않았다. 예외자는 또 있었다. 바로 미결수들이다. 손병희孫秉熙 선생 등도 감형 대상에 포함되지 못했는데, 그들은 아직 예심도 끝나지 않은 상태였다. 강우규의 경우 26일 2심(복심) 재판이 끝났지만 역시 감형 대상에서 제외되었다. 그 이유는 복심법원 판결이 나도 '만 3일'이 지나지 않으면 미결로 본다는 관행 때문이었는데, 28일로는 겨우 '만 2일'이 지난 상태였다. 강우규는 이날 고등법원에 상고上告했다.

6

우국충절로 가득한 상고취지서

직접 준비한 '상고취지서' 강우규는 여러 차례의 재판을 받았으나 특별히 변호사를 선임하지 않았다. 그러다 보니 재판 준비를 본인이 직접 감당해야 했다. 결국 '상고취지서'도 다른 사람의 손을 빌리지 않고 강우규 본인이 직접 작성했다. 장문의 상고취지서는 총 9개 항을 담고 있는데, 주요 내용은 사이토 총독을 처단키로 결심한 배경, 폭탄 입수 및 국내 반입 등 거사의 경위, 최자남과의 공모 여부, 상고 이유, 1~2심 법원의 처사에 대한 비판, 동양 3국의 평화론 등이다.

상고취지서에는 거사를 도모한 배경에서부터 재판 과정에서의 논쟁 및 재판부에 대한 충고 등을 총망라하고 있어 강우규의 우국충절은 물론 세계관이나 동양평화 사상까지도 엿볼 수 있다. 3심 재판부는 최종 판결 때 판결문의 이유 부분에 이 내용을 전부 소개하였다. 취지서의 주요 내용을 발췌하여 소개한다.

거사의 목적

본 피고인은 조선민족 2,000만 동포를 대신하여 목숨을 걸고 국권 회복과 독립을 전취하려는 데 있다.

사이토 총독을 처단키로 결심한 배경

새 총독 사이토를 살해하려고 한 것은 전 총독 하세가와가 조선에 재임함이 다년에 이르러 조선 사정에 정통하고, 조선과 일본 동화정책을 시행하여 통치하려고 힘써 왔으나 작년 3월 내외지에 산재하는 조선 2천만 인민이 일심동의로 독립운동이 치열하게 일어나 도륙당한 자가 몇천, 몇만에 달했으나 사방에서 일어나는 독립운동이 끊임없이 계속되어 사그라지지 않음은 그 국민성의 됨됨과 그 열성의 도度가 그로 하여금 도저히 조선 통치는 불가능함을 깨닫게 하여 단연 사직하고 귀국했던 것이다.

그런데 신임 총독 사이토는 대체 어떤 자이며, 무슨 승산勝算으로 내임來任한 것인가? 신임 총독 사이토의 내임은 실로 하늘의 뜻을 배반하고, 세계의 일반 대세인 민족자결주의와 인도정리人道正理로써 성립된 평화회의를 교란하고 하느님이 이웃을 사랑하라는 계명을 범하여 조선인 2천만을 궁지에 몰아넣어 그 어육魚肉으로 삼으려 하는 것이다. 대일본제국의 천황은 성덕을 갖추고 있기 때문에 천의에 순종하고 세계 대세인 평화회의에 동의하여 신임총독 사이토에게 칙명을 내렸다. 그 명령 가운데 동양대세를 영구히 보호하라는 성지聖旨를 보면, 동양대세의 보호는 평화에 있으며 분쟁에 있는 것이 아님을 인식하고, 동양 3국의 평화 성립을 교유敎諭하였다.

그럼에도 불구하고 사이토 신임총독은 제 이익에만 욕심을 품고 총독의 직명職名에 눈이 어두워 성지를 위배하여 분쟁을 유일의 능사能事로 삼아 동양대세를 영원히 보호할 평화의 서광을 발휘치 못했다. 그 죄의 중대함을 무엇이 비길까? 따라서 하늘과 세계에 대해서는 죄인이요, 자국에 대해서는 역신逆臣이며, 조선에 대해서는 간적奸賊이요, 동양의 악마다. 그러므로 이와 같은 악마를 잡아죽여 온 세계에 내돌려 동양의 흉적의 증거로 삼고, 엄격한 대일본 제국에 이같은 악마가 다시는 생존치 못하게 하며, 또 그와 같은 명의名儀를 띤 자가 태평양을 넘어오지 못하게 해야 한다.

폭발물 구입 경위 및 '폭탄' 인지 여부

폭발물을 어느 러시아인으로부터 몰래 매매할 때 언어가 통하지 않아 그 자가 손가락으로 가르쳐 주는 것을 보고 사용법을 알았다. 다만 개인을 목표로 했을 뿐이어서 폭탄이라는 걸 전혀 모르고 구입했다. 러시아 국경에서 서울까지 들어오는 도중 어느 누구에게 보이거나 서로 대화한 적이 없음은 조금의 거짓이 없다.

각급 법원에서 사실조사 때 '피고는 다년간 러시아에 살았는데 왜 폭탄의 명칭과 그 위력을 몰랐느냐'고 물었는데, 이 물품을 시장에서 판매하는 것이 아니므로 그 가격을 알 수 없었고, 또 군인이 아닌 내가 어떻게 군물軍物의 형태나 위력을 알 수 있겠는가? 오직 유럽 전쟁 때 어떤 신문에서 보니 독일 국민이 비행기에 폭탄을 싣고 날아가 적국의 도시 각 처에 투하하여 도륙하였으므로 영국 런던에서는 고층 건물을 파괴하는가 하면 밤에는 전등을 꺼버린다는 기사를 본 적이 있다. 그래서 본인의 생각에 폭탄이라는 것은 도기로 만든 수분水盆이나 아주 큰 호박南瓜과 같은 것이라고 상상하고 있었기 때문에 이와 같은 어린이 주먹만한 것으로는 한 사람을 살해하는 것으로만 여겨 왔다. 따라서 폭탄의 위력을 생각해 본 적도 없고, 이 물품이 폭탄이라는 것도 남대문역 사건 후 며칠 자 신문에서 읽고 비로소 알았다. 그러므로 남대문역에서 총독에게 폭탄을 던진 것은 특정 개인을 살해 할 목적으로 투척한 것이 사실이며 이는 거짓이 아니다.

'공범' 최자남의 '공모' 및 '폭탄' 인지 여부

함경남도 원산부 광석동 1번지 최자남의 집에 묵으면서 피고가 한밤중에 주인 최자남을 깨워 본인의 이번 거사는 독립운동을 위해서 뿐만 아니라 신임총독을 살해하기 위해 폭탄 1개를 가져왔다고 말하고, 그 폭탄을 최자남에게 보인 뒤 그 폭탄에 대해 자세히 설명을 해주었다. 그리하여 독립운동은 물론 본인이 하는 범사凡事를 동모同謀 할 것을 당부하고 전기 폭탄을 그에게 맡겼다는 것은 근거 없는 말이다.

최자남은 원래 무학무직자로 잡화·짚신 등을 파는 장사치임은 이미 아는 바로서 이와 같은 비밀에 관한 대사大事를 어떻게 경솔하게 말 할 수 있겠는가? 사실은 본인 손수 그 집의 은닉처에 숨겨놓고 그 집을 떠날 때는 의복 속에 깊이 감추어 누더기로 꽁꽁 묶어 풀지 못하게 주의시키고는 주인 최자남에게 맡겼다. 피고는 상경하여 신임총독의 부임 일자를 파악한 후 다시 원산으로 돌아가 최자남에게 맡겨두었던 누더기 보褓를 찾아 상경한 사실은 틀림없다. 그런데 최자남이 고문을 이기지 못해 횡설수설 허황한 거짓말을 늘어놓고 1, 2심 법정에서 자백을 했다. 그는 잠시 동안이나마 목숨을 구하려고 거짓 자백을 했을 뿐, 피고의 거사계획은 물론 폭발물에 대해서도 알지 못한다. 단지 피고가 맡긴, 의복에 싼 보를 내주고, 피고에게 아침 저녁을 제공한 죄 밖에 없다. 특히 최자남이 폭탄을 맡을 때 이것을 본 뒤에 받은 것이 아니다.

주변 피해자들에 대한 책임 여부

신임총독 사이토가 도착하는 당일 본 피고인이 폭탄을 투척한 것은 실로 신임총독 사이토를 살해하려는 것으로, 그 밖의 사람을 죽이려 했던 것은 아니다. 주변사람들의 피해에 대한 책임문제와 관련해 비유를 하나 들자면, 사이토 총독의 연회에 피고가 술 한 병 선물했더니 총독 자신은 이것을 마시지 않고 참석자들에게 마시게 하였다. 나중에 술에 취한 사람들에게 누구의 술을 마셨느냐고 물었더니 다들 총독의 술을 마셨노라고 답하더라. 이렇듯 주변 사람들의 피해가 피고와 무슨 관계가 있단 말인가? 아울러 이 사건과 관련해 사이토 총독 부처는 남대문역에서 발생한 사상자는 그 대다수가 우리 때문에 이와 같이 되었노라고 말한 바도 있다. 그러니 이에 대한 책임소재는 명확해졌으며, 이미 신문지상에 보도된 바 있다.

상고한 이유

피고는 일구이언을 한 적이 없으며, 한결같은 변명을 하고 있다. 그러나 각 법원에서는 조서의 내용을 고찰하지 않고 최자남의 거짓말을 증거로 하여 논고하였을 뿐 아니라 율법에 관해서도 죄명은 하나인데 형刑은 여러 종목으로 나누고 있다. 죄의 경중輕重에 있어서도 마찬가지이지만 본 피고인이 목적하였던 죄 많은 사이토는 현재 살아 있는데도 만사를 제쳐두고 피고를 사형에 처하는 것은 이를 어찌 공의公議라고 하겠는가? 이 얼마나 억울한 일인가? 본인이 상고한 것은 본인이 죽어야 한다면 사형도 불사하나 공의에 따른 심판을 보자는 것이 그 이유라는 것이다.

본 피고인이 거듭 말하고자 하는 것은 앞서 보고 들은 바를 여기서 앙고仰告하려는 것이다. 즉 제1심 법원에서 조사가 끝난 뒤 법원장에게 이 법원은 조선총독부 명령에 따라 설립한 것인가, 아니면 대일본제국 천황폐하의 칙령에 따른 것인가를 물었던 바, 재판장은 조선총독도 관계없고, 천황폐하도 상관치 않는다고 대답했다. 그래서 본인이 다시 그러면 하늘이 명령하는 법률에 따라 이루어진 것인가 라고 묻자 재판장은 하늘도 우리에게는 관계없고, 우리의 법률은 독립하여 성립된 것이라고 대답했다. 그러기 때문에 총독이나 황족이라도 죄가 있으면 치죄治罪한다는 것이었다. 그래서 사이토 총독을 호출해 줄 것을 요구하자 재판장은 검사국의 고소가 없이는 어렵다고 해서 본인은 검사에게 구두로 고소하고 조서에 기록까지 하여 열석列席한 검사에게 제기하였던 바, 재판장이 총독에게 무슨 죄가 있느냐고 묻기에 피고가 총독의 죄상을 낱

낱이 열거해 주겠다고 답했으나 피고의 주장에 대해 시비를 판단키는 커녕 아무 대답도 하지 않고 폐정閉廷하였는데, 이를 법관의 예禮라고 할 수 있겠는가? 총독에게도 죄가 있으면 치죄한다고 하면서 본인의 호출 요구에 대해서는 이렇듯 묵살함은 언사부동言辭不同이 아닌가? 실로 억울한 처사가 아닐 수 없다.

복심법원 재판장의 '충고'에 대한 반박

본 피고인에 대한 복심법원의 취조와 논고가 끝난 후 재판장은 이미 망한 나라는 나라라고 여기지 말고 일본의 인민이 된 이상 일본국에 충성을 다하라고 하였는데, 이는 어린애에게나 할 말이지 어른에게 어찌 이런 말을 지껄일 수 있는가? 무릇 조국을 위해 거사擧事하는 자가 자고로 어찌 본인뿐이겠는가? 예를 들어 서양 제국에서는 워싱턴·나폴레옹·비스마르크와 같은 자들이 있고, 동양 제국에서는 와신상담 하는 자 없지 않다. 이토 히로부미와 같은 자도 있어 그 소국小國을 위해 고심경영 苦心經營하고 있는데도 재판장의 말과 같이 전기 몇 분이 만일 자기 나라를 위해 거사하지 않고 적국에 복종하고 말았다면 그 나라의 인민은 적의 노예에서 어떻게 벗어날 수 있으며, 그 국가들이 오늘날과 같은 세계 1등국이 될 수 있었겠는가? 그러기 때문에 우리의 전감前鑑이 된 것이다. 자기 나라를 위해 진력하려는 본인에게 이와 같이 무시하고 멸시하는 것을 도덕 의리라고 할 수 있겠는가? 본인은 이 말을 듣자 실로 슬픈 감이 우러나는 한편 또 가소로운 감이 없지 않다. 이 역시 억울한 일이다.

'동양3국 평화론'에 대한 견해

위대한 동양이여! 사랑스런 동양이여! 그 대세를 영원히 보호할 황인종 중에서 집권하는 자 그 인민들을 어찌 사랑하지 않을 것이며, 또 주의의 눈길을 게을리 하겠는가? 그런데 동양의 대세를 영원히 보호하는 길이 어디에 있느냐고 물으면 이제 말을 배우는 어린애라도 분쟁에 있지 않고 평화에 있다고 말할 것이다. 과연 그렇다면 동양의 평화를 어찌 급선무라 하지 않겠는가? 눈을 크게 뜨고 백인들의 처사를 주시하라. 세계 최대의 대전大戰을 중지하고 평화회의를 성립시킨 후 4대국이니, 5대국이니 하는 것은 죄다 사라지고 모모某某 3국이 동맹을 맺고 안연晏然함을 볼 때 그 속뜻은 반드시 지방地方이나 인종 관념에 있다고 봐야 할 것이다.

그렇기 때문에 일본제국의 천황은 이것을 깨닫고 동양의 대세를 영원히 보호해야 한다는 어지御旨를 밝혔다. 그럼에도 불구하고 사이토 총독은 천의天意를 위배하고 성지聖旨를 배신하여 분쟁의 기틀을 마련함으로써 이른바 경찰과 법률로 조선인민에게 그물을 치고 강산을 인민의 감옥으로 만들어 버렸다. 그러니 이 강산에 사는 자, 어찌 악감정을 품지 않겠는가? 그렇기 때문에 나날이 애국열이 높아가는 것이다. 우리 동포 2천만은 마지막 한 사람이 남을 때까지 국권회복과 자유독립을 전취할 것을 혈심동맹血心同盟해야 할 이 때 본인도 투표자가 될 것이다.

무릇 동양 3국은 무이無異의 국가로서 같은 한 집안의 형제이다. 만일 한 나라에 분쟁이 발생하면 그 나라는 어떻게 설 수 있을 것이며, 한 집안에서 분쟁이 생길진대 그 집안이 어떻게 지탱해 나갈 것인가? 어떤

剛毅한 最後의 一言

강우규의 목적은충(忠)을동포로살해 동양평화를위하야 몸을밧침

「동아일보」 1920. 5. 28일자 기사

자는 예수 성인聖人의 말을 빌어 비유하고, 혹은 형제가 서로 화목하지 못하면 반드시 외모外侮를 받게 된다고 중국 성인의 말을 빌어 비유하기도 한다. 그러니 어찌 오늘날 동양평화에 주의를 기울이지 않겠는가?

아는 바와 같이 동양 3국 중 일본은 세계의 대국으로서 1등국이다. 동양의 신문명 선진국으로서 그 지위가 어떠한가? 원컨대 고등법원장이여! 고등법원장이여! 동양대세의 장래와 장래의 이해利害를 심사深思하고, 저 우매한 신임 총독은 이미 자기에게 주어진 영광에 만족하고 신속히 자국으로 돌아가 성지를 받들고 정부 당사자들에게 동양 분쟁의 씨를 거두어 평화회의를 성립시켜야 한다. 그리하여 동양 3국을 정립케

133

하여 견고히 자립한 후 완전한 정책과 사업을 일으킨다면 그 누가 감히 이를 멸시하며, 그 어찌 이를 방어할 수 있겠는가? 바로 이와 같이 되는 날 일본은 3국 중 패국覇國이라 할 것인데, 그 영광과 지위는 또 어떻겠는가? 부디 오늘 내가 하는 이 말을 저버리지 말고 동양 대세의 앞날을 위해 후회 없도록 하기 바란다. 본인은 자국과 우리 동포를 위해 신명身命을 희생하여 영혼으로 하여금 국권회복과 자유독립, 동양평화를 위하여 노력하고자 한다.

상고취지서 내용 가운데는 강우규의 언사로 보기 어려운 구절이 몇 군데 없지 않다. 한 예로 일본 천황과 관련하여 '대일본제국의 천황폐하', '어지御旨', '성지聖旨', '성덕聖德' 등의 용어를 사용하였는데, 이는 일본의 천황주의자들이 천황의 신민臣民을 자임하며 사용하는 용어들이다. 이 밖에도 일황이 '천의天意에 순종하고 세계 대세인 평화회의에 동의하여'라는 표현 등은 당시 강우규가 국제정세 등에 대한 정확한 판단이 부족했던 때문으로 보인다.

낙심하는 이들을 위로하는 강우규 거사 보름 뒤인 9월 17일 체포된 이후 강우규가 구금생활을 해온 지가 그럭저럭 7개월이 넘고 있었다. 고령의 강우규는 그간 구치소 생활을 어떻게 견뎌내고 있었을까? 당시로선 최고의 국사범이니 일반인들의 강우규 면회는 허락되지 않았다. 오직 장남 중건重建

등 가족들에게만 겨우 면회가 허락됐다. 따라서 강우규의 감옥생활을 알아보기 위해서는 가족들을 만나는 것이 불가피했다. '은사 칙령'이 내린 4월 28일 『동아일보』기자가 장남 중건을 찾아갔다. 당시 중건은 종로 구치감 앞에서 밥집을 하는 윤홍식尹弘植의 집에서 묵고 있었다. 중건은 이날 발표된 「은사령」에 기대를 걸고 있었다가 부친이 빠졌다는 소식을 듣고 낙심해 있었다.

중건이 전한 강우규의 근래 옥중생활은 이전과는 좀 다른 양상이었다. 적어도 1심 재판 무렵까지는 노인치고는 건강도 나쁘지 않았고, 비교적 활달한 편이었다. 그러나 이 무렵 강우규는 구치소에서 이미 약을 복용하고 있었고, 당찬 기개도 많이 꺾여 있었다. 1심에 이어 2심 법원에서조차 사형을 선고받은 것도 한 요인이 됐을 것이다. 강우규는 이런 사정을 아는 중건이 낙심할 것을 우려하여 먼저 나서서 아들을 위로하였다. 그리고는 이미 마음의 결심을 내비쳤다.

"생사를 두려워 하지마라. 내가 죽더라도 육체의 애비가 죽는 것이지 영혼의 애비는 영원히 살아 있을 것이다. 아무쪼록 잘 살아라"

강우규는 아들에게 눈물조차 보이지 말라고 했다.

이날 중건이 기자에게 들려준 이야기 가운데는 강우규의 진면목을 파악하는 데 도움이 될 만한 내용들이 더러 있다. 우선 강우규가 '상고'를 한 배경과 관련해 중건은 부친이 '목숨을 보전해 보고자 함이 아니라 1, 2심 법원에서 할 말을 제대로 못해 가슴 속의 말이나 좀 속 시원히 해보려는 것'이라고 했다. 또 강우규가 의술이 좋아 1년에 수천 원을 벌기도 했지만 그 모두를 학교에 기부하거나 교육사업에 사용했다고 했다. 자식들에게는 한 푼도 주지 않고는 "너는 너대로 벌어서 살아라. 나는 내 할 일이 있으니까" 라고 했다는 것이다.

한편 강우규에 대한 상고심 1차 공판은 5월 20일 오전 9시 반부터 고등법원에서 열렸다. 이에 앞서 경성복심법원은 5월 6일자로 사건 기록 일체를 고등법원으로 넘겼다. 이날 공판은 다나베渡邊 재판장, 미즈노水野 등 4명의 배석판사 그리고 구사바草場 검사가 열석한 가운데 시작됐다. 구사바 검사는 강우규가 사람이 많은 곳에서 폭탄을 던지면 다수의 사람이 다칠 수 있다는 것을 예견했을 것이므로 이는 범죄성의 의사가 확실하다고 주장했다. 이는 이 대목과 관련해 유죄를 선고한 1심의 판결을 뒤엎은 복심법원의 판결에 대해 정면으로 반박하고 나선 셈이다. 그밖에 구사바 검사는 형법과 폭발물취체규칙 가운데 후자가 더 무거우므로 원 판결대로 사형이 마땅하다고 주장했다. 이날 공판은 검사의 논고를 끝으로 폐정하였으며, 선고 공판은 27일로 예정되었다.

고등법원에서 사형 판결 최종 확정   마침내 5월 27일이 다가왔다. 이날 오전 9시 30분부터 고등법원에서 강우규에 대한 상고심 선고공판이 열렸다. 다나베 재판장, 요고다·미즈노·하라原·남楠 등 4명의 배석판사, 그리고 구사바草場 검사가 열석한 가운데 재판이 시작됐다. 방청석에는 조선인 10여 명과 일본인 2~3명이 자리를 지켰다. 다나베 재판장은 먼저 강우규가 상고한 취지를 설명했다. 피고는 조선 총독을 살해코자 폭탄을 던졌으며, 처음부터 총독 한 사람만을 죽이고자 했을 뿐이다. 따라서 현장에서 다른 사람이 죽거나 다친 것은 피고에게 책임이 없다는 주장이었다. 이에 대해 재판부는 피고가 총독 외에 다른 사람을 살해할 의도를 가지고 있지 않았다고 해도 총독이 탄 마차 주변에 있는 사람들이 피해를 입을 가능성을 예견하였고, 또 사람이 밀집한 상황에서 폭탄을 던져 여러 사람에게 피해를 준 점은 피고가 그 피해를 희망하지 않았다고 해서 면책이 되는 것은 아니라며 원심 판결, 즉 사형을 수용하였다.

이밖에도 재판부는 1심 재판부가 강우규가 요구한 총독의 법정 출석을 허용하지 않았다고 해서 이 사건 자체의 재판 절차에는 하자가 없으므로 원판결의 당부當否를 논할 필요가 없다는 점, 또 피고가 주장한 내용들은 정치·도덕에 관한 논의들로서 상고의 적법適法한 이유가 될 수 없다는 점을 들어 최종적으로 강우규의 상고를 기각하였다. 이로써 강우규에 대한 일제 사법당국의 사법적 절차는 대단원의 막을 내렸다. 오직 사형집행 절차만을 남겨 두었다.

고등법원에서 사형이 최종 확정된 후 『동아일보』 기자는 강우규가 수감돼 있던 종로서구치감을 방문해 오노大野 간수장을 만나 이후의 절차에 대해 물어보았다. 오노 간수장은 강우규의 근황을 전했다.

"사형이 집행되더라도 총독부 법무국과 중앙정부 사법대신과 논의한 후 법무국의 명령이 있어야 사형 집행이 될 터이니까 정확한 날짜는 알 수 없다. 아마 한 달은 걸릴 것이다. 강우규는 이 말을 듣더라도 꿈쩍도 하지 않을 사람이다. 그 사람은 독실한 크리스찬으로 요새도 항상 성경 읽기로 일을 삼고 아침저녁으로 묵도黙禱를 하고 있으며 아무 근심하는

| 경성복심법원

| 강우규 재판 판결문(1920. 5. 27)

빛이 없이 지내고 있다"

기자는 다시 강우규의 장남 중건을 찾아갔다. 고등법원의 상고 기각 소식을 전해들은 중건은 눈물자국이 채 가시지 않은 채, 넋을 잃은 표정이었다. 중건은 찾아온 기자에게

"이제 무슨 할 말이 있겠소. 저는 젊은 사람이니까 어떻게든 견뎌 내겠지만 구십이 넘으신 조모님과 칠십 가까운 어머님, 예순 셋 되는 고모님, 팔십 가까운 백부님이 이 말씀을 들으면 생초상이 날 터인데 대체이 일을 어찌 하면 좋습니까?"

걱정을 전했다. 중건은 재판 당일 부친을 면회하였다. 횟수로 열두 번째의 면회였다. 이날 강우규는 모든 것을 체념한 듯 아들에게 담담한 어조로 사실상 유언과 같은 말을 남겼다. 중건이 『동아일보』 기자에게 전한 내용을 보면 다음과 같다.

"너 나 죽는다고 조금도 언짢게 생각하지 마라. 만일 내가 사형 받는 것을 싫어하는 어리석은 사람이면 나의 자식이 아니다. 내가 평생 세상에 대하여 한 일이 너무 없어 도로 부끄럽다. 내가 이때까지 우리 민족을 위하여 자나 깨나 잊지 못하는 것은 우리나라 청년들의 교육이다. 내가 돌아다니면서 아무리 애를 쓴다고 해도 내가 죽느니만 못할 것 같다. 이번에 내가 죽으면 내가 살아서 돌아다니면서 가르치는 것보다 내가 죽는 것이 조선청년의 가슴에 적으나마 무슨 이상한 느낌을 줄 것 같으면 그 느낌이 무엇보다도 귀중한 것이다. 이제 내가 이만큼 애쓰다가 죽는 것은 당연한 일 아니냐. 조선청년의 가슴에 인상만 박힌다면 그만이

다. 내가 죽을지라도 내 가슴에 한이 되는 것은 내가 죽은 후에 조선청년들의 교육이다. 지금은 조선 사람들 중에 사람 같은 사람들이 많아서 청년교육을 소홀히 하지 않겠지만 그저 그래도 눈을 감고 앉았으면 쾌활하고 용감히 살려고 하는 13도(道)에 널려 있는 조선청년들이 보고 싶다. 아, 보고 싶다. 일러 주고 싶다."

평소 강우규는 일제 식민통치 하에서 조선이 독립을 쟁취하는 길은 청년들에 대한 교육이 가장 중요하다고 생각했었다. 실제로 강우규는 한약방을 하면서 번 돈의 대부분을 학교를 지어 조선청년들을 교육하는 데 쏟았다. 그러나 강우규는 교육과 같은 장기적이고 온건한 투쟁방식으로는 조국광복이 부지하세월이라는 판단을 하게 됐다. 결국 강우규는 청년교육을 지속적으로 해나가면서 동시에 의열 투쟁을 통해 조선청년들의 가슴에 불을 당기는 역할이 필요하다고 판단했다. 그리고 그 역할을 본인이 자임하고 나섰다. 이는 "내가 돌아다니면서 아무리 애를 쓴다고 해도 내가 죽느니만 못할 것 같다. 즉 이번에 내가 죽으면 내가 살아서 돌아다니면서 가르치는 것보다 내가 죽는 것이 조선청년의 가슴에 적으나마 무슨 이상한 느낌을 줄 것 같으면 그 느낌이 무엇보다도 귀중한 것이다"라고 한 대목에서 그 진의를 파악할 수 있다. 중건의 이야기는 다시 이어진다.

"나더러 부탁하시기를 '내가 죽으면 마지막 유언으로 조선청년에게 주는 것이 있으니 네가 과연 나의 자식이거든 그 유언을 13도에 알려

학교와 교회에 통지하여 달라'고 하셨습니다. 삼십여 년 동안 북조선 남만주로 돌아다니시면서 당신이 의술을 잘 하시니까 지성껏 벌어서 쓰신 곳은 학교와 교회인데, 당신이 설립하신 학교가 여섯 군데요, 야소교회가 세 군데 입니다. 어저께는 조선청년이 향할 곳은 기독교이니 먼저 기독교를 믿어서 성령을 맑게 한 후에 공부를 하지 않으면 안된다고 하셨습니다. 당신이 설립하신 학교나 교회의 이름을 다 알지는 못합니다만, 함경남도 홍원군에 영명학교靈明學校와 교회가 있고, 서백리아西伯利亞 '리만'이라는 곳에 협성학교協成學校와 조선민회朝鮮民會가 있고, 지금 사시는 신흥동에 조선민회가 있으며, 블라디보스토크에 장로교회와 노인단老人團이 있고, '밋가루시카'에 학교가 있고, 그 외에 설립한 학교는 저도 자세히 모르겠습니다.

저는 딸 삼형제가 있는데, 막내딸 이름이 영재英才이고 지금 열두 살인데 그 애를 당신이 매우 귀해 하셔서 항상 데리고 다니며 공부를 시켜 지금은 글씨도 잘 써 남들에게 재주있는 아이라는 말씀을 듣는 터인데 어저께 말씀하시기를 '그 애가 눈에 밟혀 못견디겠다'고 하시는 말씀을 듣고 쏟아지는 눈물을 억지로 참았습니다. 평소에 말씀하시기를 '나는 와석종신臥席終身 할 줄은 생각지 말라'고 하시길래 그게 무슨 말씀인지 몰랐는데 기어이 그만 돌아가시게 되었습니다. 이제 자식된 저는 부친의 뜻을 이어 돌아가신 후에 시신을 거둘 뿐이올시다."

상고심에서 강우규에 대한 최종 사형 결정 소식이 전해지자 강우규의 문중인 진주 강씨 종중에서는 문중 차원에서 사후 수습책을 강구했

| 강우규 순국을 애도한 상해 교민단 추도문

다. 진주 강씨 종친회는 강우규에 대한 형 집행이 이뤄지면 문중 차원에서 시신을 수습하여 진주 선산으로 모시기로 의견을 모았다. 그리고는 이를 주선하기 위하여 조만간 문중의 대표자 몇 사람이 서울로 올라갈 계획을 밝혔다. 이들은 또 강우규 장례 일체는 물론 강우규 묘에 문중 차원에서 석비石碑를 세워 그의 독립투쟁 공로를 현창할 계획도 세워 놓고 있었다.

이틀 뒤인 5월 29일자 『동아일보』 기사에 따르면, 강우규의 상고가 기각돼 사형이 확정된 27일 저녁 무렵 서울 시내엔 계절상으로는 드물게 '뇌성雷聲과 번개가 요란하고 빗발과 우박이 내리 퍼붓다가 오후 7시에 하늘이 개이었다'고 한다. 또 이날 저녁 장남 중건은 종로 네거리로 나와 하늘을 우러러 '주여, 우리 민족도 모든 세계 각국에 있는 각 민족과 같이 행복 얻게 하여 주소서'라고 눈물로 기도를 하였는데, 마침 인근 파출소 순경이 이를 발견하고는 종로경찰서로 구인하였다고 한다.

한편 강우규는 서대문감옥에서 중건의 면회 이외에는 일체 외부인과 접촉을 끊은 채 아침저녁으로 기도와 묵상 그리고 성경 읽기로 하루일과를 보내고 있었다. 이 무렵 강우규를 지탱해 준 것은 기독교 신앙뿐이었다. 강우규는 면회 온 아들 중건에게 '조선청년이 향할 곳은 기독교이니 먼저 기독교를 믿어서 성령을 맑게 한 후에 공부를 하지 않으면 안된다'며 청년들이 기독교 신앙을 가질 것을 강조하기도 했다.

그러나 강우규가 언제, 어떤 계기로 기독교에 입문하였는지를 밝혀 주는 정확한 자료는 전하지 않고 있다. 다만 기독교 계통 매체의 보도에 따르면, 강우규가 1885년 함경남도 홍원洪原으로 이사한 후 장로교에 입교하여 전도사까지 지낸 것으로 나와 있다. 강우규는 이곳에서 학교를 세워 청년교육을 하는 한편 교회를 세워 복음을 전하기도 했다. 강우규는 순국 전에 애국정신과 함께 기독교 신앙을 담은 유시遺詩를 남겼다 (『기독신보』 1920년 12월).

동포여, 나의 용모를 기약하지 마오
하늘이 주신 충렬忠烈 몸과 뼈에 새기오
삶과 죽음의 종적은 바야흐로 다시 이어지나니
천국은 이미 의사義士들에게 열려 있소

143

7

친일경찰 김태석의 반민특위 재판

김태석의 친일 행적

강우규는 의거 보름후인 1919년 9월 17일 서울 종로구 누하동 82번지 장익규의 집에서 조선인 경찰 김태석金泰錫의 불심검문을 받고서 체포되었다. 일설에는 강우규가 자수하려 했다는 주장도 있으나 이는 관련 설명이 필요하다. 강우규는 의거 후 자신 대신 무고한 조선인들이 경찰에 잡혀가서 고문을 당하고 있다는 소문을 듣고 이를 가슴 아프게 생각한 나머지 한때 그런 생각을 한 적이 있었다.

강우규를 체포한 김태석과 강우규는 따지고 보면 이전부터 이미 인연이 있는 셈이다. 강우규의 의거로 현장에서 중경상을 입은 37명 가운데는 '도道경부 김태석'이라는 이름이 등장한다. 이 사람이 바로 강우규를 체포한 친일경찰 김태석이다. 강우규가 의거를 감행한 9월 2일 당일 김태석은 남대문역 현장에 있었다. 당시 김태석은 경기도 경찰부 고등과 소속 경부警部 신분으로, 만일의 불상사에 대비해 조선인들의 동태를 감시하던 중 강우규가 던진 폭탄의 파편을 맞고 부상을 당했다.

강우규의 1심 판결문에는 여러 증인들의 예심 심문조서와 사건 당시 피해자들의 시말서, 또 이들을 치료한 의사들의 소견서 등이 첨부돼 있다. 이 가운데 김태석의 '시말서'를 보면, 그는 사건 당일 '정거장 앞에서 사찰 근무 중 폭탄 파편을 맞아 오른쪽 다리 경상부脛上部에 깊이 5푼分, 너비 한 치 정도의 복숭아 꼴 부상을 입었으며, 1주일 후에 치유되었다'고 나와 있다. 말하자면 전치 1주일의 부상을 당한 셈이다.

일제의 입장에서 보면, 총독 살해를 기도한 중죄인을 검거하여 경찰의 체면을 세운 일등공신이지만, 이 일로 의열단에서 '칠가살七可殺' 대상자 가운데 한 사람으로 지목된 친일경찰 김태석, 그는 과연 어떤 인물인가?

해방 후에 나온 친일파들의 행적을 다룬 서적과 제2의 반민특위라할 수 있는 친일반민족행위진상규명위원회에서 조사한 결과에 따르면, 김태석은 1882년 평안남도 양덕陽德 태생으로, 그곳에서 보통학교를 마치고 서울로 올라와 1908년 관립 한성사범학교를 졸업했다. 그의 첫 직업은 평양공립보통학교 교사였다. 그러나 그는 이곳에 오래 근무하지 않고 곧 일본으로 건너가 일본대학 야간부 법과 2년을 수료했다. 귀국 후 다시 교사도 생활을 잠시 지낸 그는 1912년 9월 조선총독부 경찰관 통역생으로 자리를 옮겼다. 당시만 해도 일본 유학자가 많지 않아 그는 일어 실력을 토대로 전직할 수 있었는데, 이 일을 계기로 그는 경찰의 길로 들어섰다. 그리고 이는 곧 친일파로 변신하는 계기이기도 했다.

통역생으로 경찰생활을 시작한 그는 이후 함경북도 웅기경찰서·평안남도 광양만경찰서·평양경찰서 등을 옮겨 다니다가 1918년 3월 경무국 총감부 고등경찰과로 발령받았는데, 이때부터 그는 항일투사 등 시국사범을 전문적으로 다루는 고등경찰로 변신하였다. 이듬해 3월 1일 3·1만세의거가 터지자 총독부는 그 해 8월 민심 수습 차원에서 대대적으로 관제를 개편하였다. 이때 그는 경기도 경찰부 고등경찰과 소속으로 바뀌었는데, 강우규 의거를 불과 채 한 달도 남겨두지 않은 상태였다. 당시 그의 직위는 순사보-순사-경부보 다음의 경부警部였는데, 조선인으로서는 상당히 고위직이었다. 교사로 있던 그가 갑자기 경찰로 변신한 계기는 무엇일까?

심판대에서 김태석의 거짓 증언　　　해방 후 반민특위는 1월 8일 화신和信 사장 박흥식 검거를 시작으로 친일반민족행위자 검거에 돌입했다. 김태석은 친구를 통해 일본으로 밀항을 준비하던 중 1월 13일 신당동 자택에서 반민특위 특경대원들에게 체포됐다. 그로부터 보름 뒤 반민법정에 서게 됐다. 곽상훈郭尙勳 검찰관의 입회하에 노진설盧鎭卨 재판장이 피고 김태석에 대해 사실심리를 시작했다.

재판장 : 1916년에 경찰에 들어간 것이 사실인가?
김태석 : 네, 그때 경찰에 들어갔습니다.
재판장 : 그때 일본말을 하였는가?
김태석 : 하였습니다.

재판장 : 경찰에 들어간 동기는?

김태석 : 경찰은 내가 다니고 싶어 들어갔습니다. 그 이유는 당시 데
　　　　라우치 암살사건에 피고의 선배들이 많이 참가하였는데, 일
　　　　경들은 덮어놓고 검거 투옥하였으며, 또 말이 통하지 않아
　　　　공판시일이 연기되고 하므로 이에 분격을 느끼고 흑黑은 흑
　　　　으로, 백白은 백으로 분별하기 위하여 경찰에 들어간 것입
　　　　니다.

재판장 : 처음엔 무엇을 하였는가?

김태석 : 처음엔 외근 감독을 하였습니다.

재판장 : 그 후 경무계로 간 것은 영전인가?

김태석 : 모르겠습니다. 남들은 이를 영전이라고 그러더군요.

재판장 : 피고가 사법계에 있을 때 사상범을 취급한 사실이 있지?

김태석 : 절대로 없습니다.

재판장 : 3·1만세의거 당시 학생사건을 취급하였다지?

김태석 : 아닙니다. 절대로 나는 한낱 심부름꾼에 지나지 않았습
　　　　니다.

재판장 : 그러나 조선 사람으로서 일인에게 피고가 보고하여야만 되
　　　　지는 않았나?

김태석 : 그것은 저 혼자 한 일은 없습니다. 거듭 말합니다만, 일본말
　　　　로 말하자면 ‘고쓰카이’에 지나지 않았습니다.

김태석의 ‘고쓰카이’ 발언으로 재판부는 물론 방청석에서도 웃음이

터져 나왔다. 명색이 친일파를 단죄하는 반민법정에서 그런 말이 김태석 저도 모르게 터져 나온 것이다. 일본말 '고쓰카이'는 우리말로는 소사小使로, 학교나 면사무소 등에서 잔심부름을 하던 사람을 일컫는 말이었다. 김태석은 법정에서 뻔뻔한 거짓말과 변명도 마다하지 않았다. 재판장의 심문이 계속 이어졌다.

재판장 : 고등경찰에 근무 시 3·1독립만세사건이 일어났는데 그때
　　　　피고가 취급한 것은 무엇 무엇인가?

김태석 : 3·1독립만세사건의 범위는 참 넓었습니다. 심지어 우리 집
　　　　에서도 독립만세를 불렀으며, 나도 만세를 불렀습니다. 그
　　　　리고 또한 경관들도 만세를 불렀습니다.

재판장 : 그렇다면 어찌하여 고등경찰에 있었는가? 있고서야 그럴
　　　　수 있나?

김태석 : 그때 그 자리에 안 있을 재주가 없었습니다.

재판장 : 형사과장 재직 시 대체로 무엇을 하였는가?

김태석 : 지방에서 일을 하였는데, 피고가 말하기에는 좀 거북하지만
　　　　피고 자신으로서는 정말 조선 사람을 위해서 일을 하였습
　　　　니다.

재판장 : 피고는 고등계에 있을 때 '일심사一心社 사건'을 모르는가?

김태석 : 모릅니다. 그 사건은 피고가 취급하지 않고, 다른 사람이 한
　　　　것을 피고가 심부름을 하였지요.

재판장 : 하여간 사상범 취급한 것은 사실이 아닌가?

김태석 : 네, 취급이라는 것보담 남의 심부름을 대신 하였다는 것이
지요. 조선의 사상범이라면 조선놈으로서 취급할 도리가 있
겠습니까?

재판장은 마침내 강우규 사건 관련 심문을 시작했다. 김태석은 이 역
시 허위진술로 일관했다. 심지어 강우규가 자수했다고 주장하기도 했다.

재판장 : 서울역에서 폭탄사건이 발생할 때 피고는 참견하였다지?
김태석 : 네, 하였습니다.
재판장 : 그때 강우규 선생이 투탄한 사실을 좀 이야기하시오.
김태석 : 네, 역에서 사이토가 신문기자와 사진을 찍히울 때 폭탄을
던지는 것을 보았습니다.
재판장 : 강우규 선생을 피고가 체포하였다지?
김태석 : 천만에 말씀이오! 강 선생은 9월 12일 종로서에 자수하여
왔습니다.
김태석 : 그때 피고는 강 선생을 수색하였다고 하는데.
재판장 : 피고는 그 사건에 전혀 관계치 않았습니다. 피고는 그때 당
시 병이 나서 일주일만에 변소에 겨우 갈 정도였습니다.
김태석 : 피고가 종로서에서 강 선생을 취조하였다는데.
재판장 : 아닙니다. 피고가 강우규씨를 취조했다면 제법 값이 얼마나
있었겠습니까?

앞서 언급한대로 김태석은 거짓진술을 서슴지 않았다. 우선 김태석이 의거 당일 현장에 있기는 했지만 강우규가 폭탄 던지는 장면을 직접 목격한 건 아니다. 아마 김태석이 이를 목격하였다면 강우규는 현장에서 김태석에게 체포됐을 것이다. 또 강우규가 9월 12일 종로서에 자수했다는 주장은 사실과 다른 것으로, 강우규는 9월 17일 김태석의 불심검문에 걸려 결국 체포됐다. 이밖에도 김태석은 사건 당시 자신은 병이 나 있어서 일주일만에 겨우 거동을 했다고 주장했는데, 이 역시 사실과 다르다. 김태석은 강우규 의거 당일 현장에서 사찰을 하던 중 폭탄 파편을 맞고 부상을 입어 일주일간 치료를 받은 사실이 있다.

반민법정에서 김태석이 강우규를 체포한 일이 없다고 변명을 하자 한 증인이 나타났다. 검찰조사가 한창 진행 중이던 4월 2일 한택렬韓澤烈이 특별검찰부 곽상훈 검찰관을 찾아와 다음과 같이 말했다.

"당시 폭탄 투척 의사로서 유명한 강우규 씨가 내가 복역하던 서울형무소에 수감되어 왔는데 그때 나와는 은밀히 통하고 있던 형무소 잡역부 李모로부터 "오늘 수감된 애국지사가 바로 강우규 의사이며 김태석의 손에 체포되어 혹독한 고문을 당하였다더라"는 말을 들은 일이 있으며 기타 간수들이 누설한 바에 의하여 김태석이 姜의사를 직접 체포한 것은 분명하다."

김태석은 김덕기金悳基·노덕술盧德述 등과 함께 일제 당시 대표적 친일경찰로 불린다. 고등경찰 재직 시절 강우규 체포 이외에도 그는 1919년

'대동단사건'을 수사하였고, 1920년 6월 밀양폭탄사건을 주도한 곽재기 등 의열단원을 체포·취조하였으며, 1921년 10월 조선독립단원 김희중 등을 체포하여 취조하기도 했다. 교사로 시작하여 고등경찰로 변신한 후 그는 경기도 가평·연천·부천 등에서 군수를 지냈으며, 함경남도 참여관·경상남도 참여관(칙임관 대우) 겸 산업부장 등 총독부 관료로서 승승장구하였다.

또 일제 말기에는 국민총력조선연맹 평의원, 임전보국단 평의원 등 친일단체의 간부를 거쳐 해방 1년 전인 1944년 2월 중추원 참의(칙임관 대우)까지 올랐으며, 관료 재임시절 그는 일본 정부로부터 훈4등·훈5등·훈6등 서보장을 잇달아 받았다. 이 밖에도 그는 군수 시절 군수로는 드물게 사이토 총독을 다섯 차례 면담한 적도 있으며 1939년에는 조선인 도지사 후보로 거명되기도 했다.

그런 그가 해방 후 반민특위에서 역사의 심판을 받는 것 당연지사였다. 1949년 5월 20일 열린 제3차 공판에서 곽상훈 검찰관은 논고를 마친 후 김태석이 자신의 죄를 반성하거나 뉘우치기는커녕 오히려 자신의 죄를 은닉하려 하고 있다고 지적하고는 김태석에게 반민법 제3조, 제4조를 적용, 반민피의자 최초로 사형을 구형했다. 이어 6월 14일 열린 선고공판에서 노진설 재판장은 피고 김태석에게 반민법 제3조, 4조를 적용, 무기징역에 50만원 재산몰수를 선고했다. 그러나 반민특위가 와해된 후 김태석은 재심청구를 통해 감형되었으며, 1950년 봄 감옥에서 석방되었다. 이로써 여느 반민자들과 마찬가지로 김태석에 대한 응징 역시 용두사미로 끝나고 말았다.

8
의거를 도운 동지들의 체포

한흥근·안돈후·조병철 재판 강우규 의거의 동지들 가운데 최자남·허형 외 미처 체포되지 않았던 사람들이 속속 일경에 체포돼 재판에 회부됐다. 한흥근韓興根이 강우규가 순국한지 근 반년 만에 블라디보스토크에서 체포됐다. 한흥근은 강우규의 의거 직후 러시아로 피신한 후 다시 블라디보스토크에서 활동하고 있던 중 현지에서 탐문수사 중이던 원산경찰서 경찰에 체포돼 4월 15일 원산으로 압송됐다. 한흥근은 경찰 조사에서 복역 중인 최자남과 같이 사이토 총독을 암살할 목적으로 폭탄 두 개를 블라디보스토크에서 원산으로 운반하여 강우규 편에 전달하였다고 자백하였다.

5월 들어서는 안돈후安敦厚가 블라디보스토크에서 추가로 검거되었다. 안돈후는 블라디보스토크의 니콜리스크시市 라스도리노에 마을에서 김성남金星南으로 이름을 바꿔 활동하던 중 5월 12일 일본 헌병에게 검거되어 군용선으로 일본 도쿄로 압송되었다. 일본 경찰은 안돈후와 한흥근을 심문한 결과 27일 새벽 원산시 광석동廣石洞 천도교구 뒷산에서 요강

속에 넣어 땅속에 파묻어 두었던 폭탄 4개를 찾아냈다. 안돈후는 이 폭탄을 강우규에게 전해달라며 한홍근에게 맡기고 블라디보스토크로 떠났다. 한홍근은 강우규 측과 접촉을 하지 못해 땅속에 묻어둔 것이었다.

6월 들어 다시 조병철趙炳喆 원산 객주客主조합 이사가 원산경찰서에 붙잡혀갔다. 경찰측은 한홍근에게 폭탄 4개를 감춰달라고 부탁한 사람이 조병철이라고 밝혔다. 조병철은 일본 유학을 다녀온 사람으로서, 당시 원산에서는 명사급으로 통하는 인물이었다. 이들 3명은 6월 14, 15일에 걸쳐 모두 함흥지방법원 검사국으로 송치되었다. 7월 8일 오전 10시 함흥지방법원에서 이들 3인에 대한 첫 공판이 열렸는데, 당시 이들에 대한 변호는 허헌許憲 변호사가 맡았다. 다음은 이들 3인의 공판과정에서 재판장과의 문답내용이다.

재판장 : 1919년 8월 중에 블라디보스토크로부터 기차로 원산에 올 때 최자남으로부터 폭탄 2개를 받았는가?

한홍근 : 그렇습니다.

재판장 : 최자남은 무슨 연고로 폭탄을 가지고 왔던가?

한홍근 : 강우규에게 주려고 가지고 온 걸로 생각합니다. 그래서 내가 맡은 후 최자남이 내게 대하여 이것은 강우규가 총독을 암살할 때 사용할 것이라고 합디다.

재판장 : 그런데 네가 최자남으로부터 맡을 그때에는 최자남이 어디에 쓸 줄로 생각하고 맡았느냐?

한홍근 : 역시 강우규에게 주려는 것으로 생각하였소.

재판장 : 그것은 어찌하여 알았느냐?

한흥근 : 그것은 그 전부터 강우규가 원산에 다수의 폭탄을 가지고 와서 조선 각 도에 배치하여 두고 기미를 보아 조선독립운동에 사용하려 한다는 소문을 들었고, 겸하여 그때 강우규는 최자남 집에 유숙하고 있음으로 나는 최자남이 폭탄을 가지고 온 것은 강우규에게 주려는 것인 줄로 생각하였습니다.

재판장 : 최자남은 네가 가지고 있던 폭탄은 어떠한 폭탄인지 알지 못한다고 하니 과연 최자남으로부터 맡은 것이 틀림없는가?

한흥근 : 최자남이 블라디보스토크에서 강우규로부터 받아 가지고 온 것은 틀림없습니다.

재판장 : 너는 그 폭탄을 안돈후에게 무엇이라고 하고 맡겼는가?

한흥근 : 나의 동무가 블라디보스토크로부터 폭탄 두 개를 가지고 왔는데, 아직 사용할 곳이 없으므로 일시 맡아달라고 하였습니다.

재판장 : 무엇에 쓰려고 가져 왔다고 하였는가?

한흥근 : 그것은 별로 말하지 않았습니다.

재판장 : 그러나 안돈후는 독립운동에 사용할 폭탄인 줄로 이미 알았을 터이지?

한흥근 : 안돈후는 알지 못하였을 줄로 생각합니다.

재판장 : 그러면 어찌하여 특별히 안돈후에게 맡겼는가?

한흥근 : 안돈후와는 서로 친밀할 뿐만 아니라 그는 비밀을 잘 지키
　　　　 는 사람이므로 그 사람에게 맡겼습니다.

다음은 조병철에 대한 재판장의 심문 내용이다.

재판장 : 너는 한흥근으로부터 폭탄 4개와 뇌관 4개를 3, 4일간 보관
　　　　 해달라는 부탁을 받았는가?
조병철 : 네, 그렇습니다.
재판장 : 한흥근이 너에게 폭탄을 맡길 때 그 당시 간도 방면에서 조
　　　　 선독립군을 편성하여 조선 내지에 침입할 작정인 바, 그때
　　　　 폭탄을 공급하고 그들의 활동을 도와줄 의사를 말하고 너에
　　　　 게 맡긴 것인가?
조병철 : 한흥근이 내게 폭탄을 맡긴 것이 3개월 전이었는데, 그가
　　　　 내게 간도방면에서는 조선독립군을 조직하여 조선 내지에
　　　　 침입을 할 터인 즉 그 폭탄을 그 독립군에게 공급하여 그들
　　　　 의 활동을 도와주면 어떻겠느냐고 말하기에 이에 대하여 내
　　　　 가 여러 가지로 생각한 즉 그 독립군이 조선에 침입하려는
　　　　 것은 도저히 불가능하다고 깨닫고 한흥근에게 그 폭탄을 독
　　　　 립군에게 주는 것보다 도리어 조선독립을 반대하는 자들에
　　　　 게 폭탄으로써 위협하는 것이 어떠하냐고 의논하였습니다.
　　　　 그런 바 그 후에 한흥근이 어떻게 폭탄을 얻었는지 모르겠
　　　　 으나 폭탄 4개와 뇌관 4개를 가지고 왔습니다.

재판장 : 그러면 너는 경찰서에서 취조를 받을 때 한흥근이 불원^不
遠에 독립군이 조선에 침입할 때는 우리는 독립군에게 폭탄
이라도 주어 원조하자고 말을 한 바, 너도 그것이 좋다 하고
폭탄을 가지고 오라고 한 일이 있다고 하지 않았느냐?

조병철 : 한흥근이 내게 독립군이 조선에 침입하는 때는 폭탄을 주려
고 한 일은 있다고 하였으나 나는 안다고 한 일은 없습니다.
먼저 말한 바와 같이 한흥근이 폭탄이라도 주지 아니하면
아니되겠다 함으로 나는 차라리 조선 내지에서 독립을 반대
하는 자를 위협하는 것이 좋다고 말한 바, 나중에는 한흥근
이 폭탄을 가지고 온 것이었습니다. 내가 한흥근에게 폭탄
을 가지고 오라고 한 일은 절대로 없습니다.

재판장 : 그러면 조선독립을 반대하는 자에게 폭탄으로 위협을 하기
로 말하고 가져온 것이로구나.

조병철 : 그렇습니다. 나와 한흥근이 협의한 후 그가 나의 집으로 폭
탄을 가져온 것이올시다.

재판장 : 조선독립을 반대하는 자들에게 폭탄으로 위협하려고 한 일
은 무슨 이유인가?

조병철 : 그덧은 조선독립을 반대하는 자들에게 폭탄을 보여서 독립
운동에 찬성케 하며 또는 원조하게 하자던 것입니다.

재판장 : 그 폭탄은 처음에 한흥근이 직접 가져온 것인가?

조병철 : 그렇습니다. 한흥근은 블라디보스토크에 장사일로 간다며
폭탄과 뇌관을 맡아달라고 하는 고로 나는 그 폭탄 4개로는

능치 못할 줄로 생각하고 이 폭탄을 블라디보스토크로 가지
고 가라고 말하였는데 한흥근이 말하기를 폭탄을 가지고 가
다가 관헌에게 발각되면 안되니 아직은 맡아두었다가 다음
에 갈 때 가지고 가겠다고 함으로 따랐습니다.

재판장 : 그래서 그 폭탄은 책상 서랍 안에 둔 것이냐, 어찌 한 것이
냐?

조병철 : 그렇습니다. 책상 서랍에 두었습니다.

재판장 : 그런데 그 후 안돈후라는 사람에게 맡기었느냐?

조병철 : 앞서 말한 바와 같이 한흥근으로부터 폭탄을 맡았는데 한흥
근이 블라디보스토크에서 조선으로 돌아올 동안에 보관하
기 어려우므로 안돈후에게 부탁하여 땅에 묻어달라고 하였
습니다.

재판장 : 그 폭탄을 안돈후에게 줄 때 그냥 싼 대로 주었느냐, 혹은
다시 싸서 주었느냐?

조병철 : 싼 그대로 주었습니다.

재판장 : 안돈후에게 폭탄을 줄 때 땅에 묻어달라고 하며 돈 1원을
주었느냐?

조병철 : 그렇습니다.

재판장 : 안돈후에게 폭탄을 줄 때 이것이 폭탄이라고 말하고 주었느
냐?

조병철 : 그렇습니다. 이것은 폭탄이니 주의하라고 하였습니다.

재판장 : 또 안돈후에게 이 폭탄은 한흥근이 조선독립군이 조선에

침입할 때 줄 터인즉 맡아두라 하고 안돈후에게 준 것이 아니냐?

조병철 : 내가 안돈후에게 폭탄을 땅에 묻어달라고 한 즉 안돈후는 좋아하지 아니함으로 나는 안돈후에게 이 폭탄은 한홍근이가 조선독립운동에 쓰려고 가져왔는데 지금은 쓸 데가 없으니 한홍근에게 블라디보스토크로 가지고 가라고 했으나 가지고 가지 않고 내게 맡겨준 것이니 땅에 잘 묻어달라고 하였습니다.

재판장 : 이것이 그때 한홍근으로부터 맡아가지고 다시 안돈후에게 맡긴 폭탄과 뇌관이냐?

재판장이 실물을 보인 즉 조병철은 틀림없다고 대답하였다.

다음은 마지막으로 안돈후에 대한 재판장의 심문내용이다.

재판장 : 너는 1919년 음력 4월 중에 원산 남상준·문무술·윤영주 세 사람이 간도로 갔는가?

안동후 : 1919년 음력 4, 5월경에 문무술·윤영주 두 사람이 나의 집에 와서 우리 둘은 목하 상해임시정부의 독립자금 모집에 종사하는데 남상준에게 말한 즉 그 사람도 찬성하니 그대도 같이 가자고 함으로 같이 가서 두 사람만 남상준의 집에 들어가고 나는 밖에서 망을 보았으나 망보는 것이 좋지 못한

줄로 생각하고 근처 술집에 가서 술을 먹다가 다시 남상준의 집 앞으로 온 즉 두 사람이 나와서 오늘 밤에는 남상준이 돈을 주지 않는다고 말함으로 나는 집으로 돌아왔는데 내가 남상준의 집에 갔던 것은 그때 한번 뿐이올시다.

재판장 : 남관희 집에도 강도질 하러 갔던 것이지?

안동후 : 그 후 3, 4일 지나서 문무술과 윤영주가 와서 같이 가자고 함으로 같이 가서 나와 윤尹은 밖에 섰고, 문무술이가 들어갔다가 나와서 돈을 주지 않는다고 함으로 그냥 돌아왔습니다.

재판장 : 너는 문무술과 같이 원산 상리 1동 도로에서 남관희를 붙들어 상의소商議所로 데리고 가서 협박한 후에 그 이틀날 밤에 갈마가도葛麻街道에서 그 사람으로부터 돈 100원을 강탈한 일이 있지?

안동후 : 그러한 일은 없습니다.

재판장 : 문무술은 너와 함께 갈마가도에 갔었다고 하는데.

안동후 : 그 사람은 그렇게 말을 하지만 나는 가본 일이 없습니다.

재판장 : 문무술은 남상준이나 남관희가 돈을 내지 아니하는 때는 협박을 해서 돈을 내게 하였다고 하였지?

안동후 : 그 사람은 오늘밤에 돈을 내지 않으면 공갈이라도 해서 돈을 내게 하겠다고 합디다.

재판장 : 문무술은 윤영주보다 너와 먼저 의논을 함으로 네가 찬성하여 여러 가지 계획을 간섭하였다고 말하니 그 말이 옳으냐?

안동후 : 나는 문무술과 윤영주로부터 협의를 받은 일은 틀림없습
니다.

재판장 : 네가 한락범韓洛範 집에 강도질 갔던 일이 있지 않은가?

안동후 : 한락범의 집에 갔던 일은 없습니다.

이들 3인에 대한 재판장의 심문이 끝나자 검사는 한흥근에게 징역 7
년, 조병철·안돈후에게 각각 징역 5년을 구형했다. 이어 허헌 변호사
가 한 시간 가량 변론을 펴자 재판장은 13일 선고를 할 것이라고 밝히
고 오후 3시경에 폐정을 선언하였다. 이들에 대한 선고공판은 예정일보
다 하루 앞당겨 7월 12일 함흥지방법원에서 열렸다. 이날 재판부는 한
흥근에게는 검사의 구형대로 징역 7년을 선고하였으며, 조병철·안돈후
두 사람에게는 구형량보다 2년 적은 징역 3년을 각각 선고하였다. 이에
대해 조병철·한흥근 두 사람은 23일 경성복심법원에 공소를 제기하였
다. 이후 한흥근은 체포일(1921. 4. 29)로부터 5년여 뒤인 1926년 11월 6
일 만기 출옥하였는데, 이로써 보면 그는 복심법원에서 감형을 받지 못
한 셈이다.

이 밖에 강우규 의거 직후 서울에서 체포돼 옥고를 치른 동지들의 근
황을 살펴보면, 허형은 서대문감옥에서 복역한 후 1921년 8월 24일 만
기로 출옥하여 고향인 평남 안주安州로 귀향하였다. 이후 허형은 1927
년 신간회新幹會 안주지회 부회장 겸 정치부장을 지내면서 독립운동을 계
속하였으며, 해방 직후에는 고향에서 안주군인민정치위원회 위원장으
로 선출돼 활동했다. 이어 고당 조만식 선생을 수반으로 하는 평안남도

| 독립지사를 가두었던 서대문형무소(1921. 1)

| 서대문형무소의 사형장 모습

인민정치위원회 건설부장에 취임하였으나 북한 체제에 거부감을 느껴 1947년 2월 21일 일가족을 이끌고 월남하였다. 이후 『대공大公일보』 편집고문·대한농회 총무부장·재경안주군민회장 등을 역임한 후 1962년 3·1절 때 건국훈장 단장(현 건국훈장 독립장)을 받았다. 이듬해 12월 1일 서울 흑석동 자택에서 70세로 타계한 허형은 국립묘지 애국지사묘역에 안장됐다. 또 최자남은 3년 옥고를 치르고 만기 출옥한 후 서울시내 내자동 자택에서 여생을 보내다가 1933년 5월 9일 뇌출혈로 타계했다. 최자남은 슬하에 2남 2녀를 두었는데, 『동아일보』 안변安邊지국장을 지낸 최의준이 그의 아들이다.

9

생애와 독립사상

　강우규는 1855년 음력 6월 1일(철종 6년) 평안남도 덕천군 무릉면 제
남리 68번지에서 가난한 농민의 아들로 태어났다. 출생 연도와 관련해
유족과 진주강씨 문중 기록에는 1859년으로, 『독립신문』과 국내외 관
련문서에는 1855년으로 기록돼 있는데 정확한 것은 알기 어렵다. 본관
은 진주, 호는 왈우曰愚, 자는 찬구燦九였으며, 강영일姜英一이라는 별명을
가지고 있었다. 슬하에 중건重健(일명 건하), 건형鍵衡 형제를 두었다.

　강우규의 어린 시절에 대해서는 별로 알려진 것이 없다. 위로 두 형
과 누이가 있는 4남매 집안의 막내아들로 태어나 일찍 부모를 여의고
누님 댁에서 자랐다. 강우규는 일찍이 서당에서 한문을 배웠으며, 그 뛰
어난 기억력으로 총명함을 인정받았다고 한다. 송상도의 『기려수필』에
서는 "위인爲人됨이 헌앙軒昻하고 대절大節을 가지고 있어 행동거지가 웅
장雄壯하고 사소한 일에 뜻을 주지 않아 항상 주위 사람들로부터 장래를
촉망받았다"고 어린 시절의 면모를 기록하고 있다. 강우규는 20대까지
고향에 머물면서 한의업에 종사한 것으로 알려져 있다.

그가 30세 되던 해인 1885년 함경남도 홍원으로 이주하였다. 그가 고향을 떠난 이유에 대해서는 자세히 알려지지 않았으나 모종의 애국운동에 관여했다가 신변에 위협을 느낀 때문이라는 주장도 있다. 강우규는 홍원으로 이주한 후 남문 앞에서 큰 잡화상을 경영하였는데, 이 상점에서는 주로 물감·담배·면사·포목·비누·의류 등을 팔았다. 25년간 홍원에서 상업에 종사하면서 상당한 부를 축적한 강우규는 이 무렵부터 신식교육과 육영사업에 관심을 가지기 시작했다. 장사꾼이던 그가 이러한 시대의식에 눈 뜨게 된 배경은 당시 대한민국임시정부 국무총리 이동휘와 인연에서 시작된 것으로 보인다.

교육 및 선교사업에 헌신 강우규의 손녀 강영재姜英才(1985년 작고)의 회고에 따르면, 그가 홍원에서 장사를 하고 있을 무렵 국권회복운동과 기독교 선교를 목적으로 이동휘가 함경도 지역을 방문했을 때 그의 집에서 머물기도 했고, 그는 이동휘를 후하게 대접한 것으로 전한다. 이동휘와 만남을 통해 그는 민족의 근대화는 신교육 도입에 있다고 보고 교육사업을 통해 애국계몽운동을 전개하기로 결심하게 되었다. 그는 이 당시 선교사업에 몰두하고 있던 이동휘의 영향으로 기독교를 믿기 시작하였는데 이를 국권회복운동의 일환으로 여겼다. 그는 홍원에 영명학교를 건립하였으며 나아가 교회 설립에도 힘을 쏟기 시작하는 등 이 무렵부터 민족운동에 깊숙이 관여하게 되었다.

1910년 경술국치로 국권을 상실하게
되고 일제의 탄압이 가중되자 강우규는
새로운 활로 모색에 나서게 되었다. 우선
활동 근거지였던 홍원을 떠나기로 결심하
고 이듬해 봄 두만강을 건너 간도의 두도
구頭道溝로 거처를 옮겼다. 앞서 1910년 가
을 그는 장남 중건 부부와 자녀 3명을 노
령으로 이주시켜 현지에 적응토록 하였
다. 북만주와 러시아 연해주 등을 떠돌던
그의 가족들은 1915년 노령 하바로프스
크에서 합류하였는데, 그때 그는 이미 환
갑을 맞고 있었다.

| 이동휘

2년 뒤 다시 거처를 북만주 지린성 요하현으로 옮겨 신흥동이란 마
을을 개척하기 시작했다. 이곳은 블라디보스토크와 우수리 철도로 연
결되는 북만주 서북지대의 벽지였는데, 그가 이곳을 택한 거처로 이유
는 하바로프스크나 블라디보그토크 등 노령의 독립운동단체들과 연락
이 편리한 점을 감안했기 때문이다. 그가 이주할 당시 한인은 3호戸 뿐
이었으나 그의 노력으로 한두 해 후에는 100여 호에 달했으며, 나중에
노령과 북만주를 무대로 한 독립운동의 근거지가 되었다.

1917년 봄 그는 이곳 요하현에 광동학교光東學校를 세우고는 이곳 한
인 자녀들을 교육시켰다. 당시 이곳에서는 대한지지·역사·체조·한
문·창가·산술·물리·생물 등 신식교육 교과목을 가르쳤으며, 이를 통

| 블라디보스토크 3·1절 기념식

해 학생들에게 민족의식 고취를 목적으로 하고 있었다. 또한 기독교 장로교 신자였던 그는 학생들에게 기독교를 전파하였으며, 이를 통해 배일사상을 고취시키기도 했다. 망명지 요하 땅에서 그는 민족교육의 정점으로 활동하고 있었다.

한편 1919년 3월 1일 조선 전역에서 3·1만세의거가 거국적으로 일어났는데, 그는 이 소식을 3일 뒤인 3월 4일 접했다. 이 소식을 들은 그는 한인 동포 400~500명을 모아 신흥동에서 만세의거를 전개했다. 그러나 이후에 들려온 것은 참담한 소식뿐이었다. 조국이 독립되기는 커녕 만세의거로 인해 수많은 동포들이 일경에 끌려가 혹독한 탄압을 받고 있다는 것이었다.

노인동맹단 요하현 지부장 맡아

강우규가 항일운동을 전개하면서 유일하게 몸 담았던 단체는 '노인동맹단'이었다. 노인동맹단은 1919년 3·1의거 직후인 3월 26일 블라디보스토크 신한촌 덕창국 김치보金致寶의 집에서 결성된, 노인들이 중심이 돼 조직된 항일투쟁 단체이다. 이날 발회식에서 단장에 김치보金致甫(일명 致玉), 총무에 김순약, 의장에 이일, 의원에 이륜·박희평·한승우·이득만·윤여옥·주옥점·강석기·서상거·정운윤·이일·박대동 등과 서기에 서상거 등을 선출하였다. 이 단체는 연해주와 중국 동북지방에 각각 지부를 두었는데, 강우규는 요하현 지부의 책임을 맡았다.

노인동맹단 발족 취지서의 대강을 보면 다음과 같다.

단군신조께서 대동천지의 금수강산을 우리 종족의 생활기지로 개척하시어 예의禮義 문물을 만들어 주신 이래로 자자손손 계승되어온 4천 3백여 년의 장엄 찬란한 역사가 섬나라 종족의 강탈을 당하여 삼천리 강역疆域은 저들의 감옥이 되고 2천만 형제는 저들의 노예가 되었으니 육체의 생명은 저들의 도마 위의 고기가 되어 있고 농상의 산업은 저들의 주머니로 돌아가 위험한 지경에 처했으니 고통은 끝이 없다. 국내·외에 있는 노인의 통계가 기백만幾百萬에 달하니 이 기백만의 호발황욱(머리가 희고 얼굴이 누르다는 뜻)이 죽음을 각오할 경우에는 적인敵人을 오히려 가볍게 여길 수 있을 것이다. 우리의 육신이 세상에 존재할 기한이 과연 얼마나 되겠는가? 만약 우리가 조국의 독립을 회복하여서 우리의 자손으로 하여금 독립국인이 되게 할 수 없다면 설사 우리가 전택田宅과 금전을 자손에게 물려주고 학문과 기술을 자손에게 물려준다 하더라도 다른 민족의 노예상태를 벗어나지 못할 것이므로 우리의 죄악을 씻고 원한을 풀기 위하여 노인동맹단을 조직한다.

노인동맹단의 특징은 회원의 나이를 46세 이상 70세까지로 연령제한을 두었다. 또 회원의 자격은 남녀를 가리지 않았으며, 독립운동 청년들을 지원하는 것을 목표로 삼고 있었다. 노인동맹단은 발족 이후 전단傳團위원들을 각 지역에 파견하여 단원 모집에 노력하였는데, 이륜·김영학은 4월 4일 니코리스 방면으로, 차대유와 최시종은 4월 3일 각각 소성과 이만으로, 4월 2일에는 유태순이 수분하 및 그로데보고 지방을 향해 출발했다. 이들 가운데 강우규는 이만지역으로 온 최시종과 만

나 노인동맹단에 가입하게 된 것으로 추
정된다. 이만은 그가 거주하던 요하현과
인접해 있기 때문이다. 일설에는 강우규
가 3·1만세의거 한 달 뒤인 1919년 4월
경 정세를 탐지하기 위해 블라디보스토크
로 이동휘의 부친 이승교李承喬을 찾아갔다
가 거기서 이승교의 소개로 노인동맹단에
가입했다는 주장도 있다.

| 이동휘의 부친 이승교

　노인동맹단은 그 활동무대를 만주, 노
령지역에서 국내로까지 넓혀갔다. 동맹
단은 5월 5일 이승교·윤여옥·김영학·안
태순·차대유·정치윤·차부인 등 대표 7
명을 선정하여 국내로 밀파하였다. 이들은 일본에 보내는 문서 2통과
취지서 수백 매, 여비 1만 루블을 지참하고서 블라디보스토크를 출발,
5월 31일 서울에 도착하여 그날 오전 11시경 종로 보신각 앞에서 민중
들에게 연설을 한 후 태극기를 흔들며 조선독립만세를 외쳤다. 이때 이
승교는 통행인들의 관심을 끌기 위해 칼로 스스로 목을 찔렀으나 큰 주
목을 받지 목하였고 나머지 대표들은 현장에서 체포되었다. 이후 이승
교와 정치윤은 노령을 이유로 추방당하였으나, 안태순은 징역 1년, 윤
여옥은 징역 10월, 차대유는 징역 8월을 각각 선고받고 서대문감옥에
시 옥살이를 하였다.

　노인동맹단의 활동은 여기서 그치지 않았다. 동맹단은 6월 20일 평

의원회를 열고 노령으로 추방된 이승교·정치윤 두 사람의 환영회를 겸해 파리강화회의에 한국독립청원서 제출을 위한 방책을 논의하였다. 결론은 청원서를 상해로 보내 그곳에서 불어로 번역하여 파리로 보내기로 의견을 모았다. 이어 5일 뒤인 6월 25일에는 강문백·연병우를 대표로 파견하여 블라디보스토크 주재 일본 총영사관에 '대한국민 노인동맹단 대표 김치보 외 20명' 명의의 독립요구서를 제출하였다. 이 요구서는 궁극적으로는 일황에게 제출하려는 것이었다.

그 무렵 블라디보스토크 사회에 떠도는 소문이 하나 있었다. 조만간 하세가와 조선총독이 경질될 것이라는 것이었다. 3·1만세의거 이후 하세가와는 궁지에 몰려 있었고, 그의 경질설은 3·1만세의거 직후부터 나돌기 시작했었다. 그러나 구체적인 경질 일정이나 후임자 이름이 거론되기 시작한 것은 바로 그 무렵부터였다. 7월 들어 국내 언론에서는 후임 총독으로 해군대장 출신의 사이토 마코토가 거명되기 시작했으며, 신임 총독의 시정방침과 함께 얼굴 사진까지 보도하였다. 평소 노인단에서 거사 모의가 있을 때마다 자신이 맡아 하겠다고 자원했던 강우규는 마침내 자신이 사이토 총독 처단을 결심하고 준비에 돌입하기 시작했던 것이다. 강우규의 거사는 단독 의거로서 노인동맹단과 같이 논의한 의거는 아니었다. 그러나 거사의 배경을 놓고 볼 때 노인단의 활동과 무관치 않다고 할 수 있다.

한편 독립기념관은 1986년 3월 미국 필라델피아에 있는 서재필기념사업회로부터 5천여 점의 자료를 기증받았는데, 이 가운데는 '대한국민 노인동맹단 명부'가 포함돼 있다. 이 명부는 1919년 9월(음력) '노령한교노인동맹단露領韓僑老人同盟團'에서 미국에 체류 중인 서재필에게 노인동맹단의 총재직을 맡아줄 것을 요청한 문서에 첨부된 서명록이다. 이들은 문서에서 "우리의 목적을 도달하려면 평일 덕망이 소저素著하야 국민의 신앙信仰이 귀일歸一하고 내외대세에 식감識鑒이 탁월하신 이에게 지도를 수受치 아니하면 불능할지라. 인因하야 중망衆望에의 추대로 본단 총재의 위位를 각하께 봉헌하노니……" 운운하며 서재필에게 총재직 수락을 간곡히 요청하였다.

| 대한국민 노인동맹단 명부

   첨부된 명부에는 총 2,005명의 단원 명단이 실려 있는데, 그 첫머리에는 노인동맹단 단장 김치보의 이름이 올라 있다. 서명자들은 각자 이름 아래 도장 혹은 지장을 찍었거나 친필로 서명을 하였다. 그런데 이 서명자 명부에는 강우규의 이름은 포함돼 있지 않은데 그 이유는 당시 서명자들이 노령 지역에 국한됐던 것으로 보인다. 강우규가 단원이었던 것은 분명하나 당시 강우규는 중국 요하현 지부장으로 있었다.

기독교 정신과 동양평화론

강우규의 애국활동은 그 저변에 두 가지 사상을 깔고 있었다. 첫째는 기독교 정신이며, 하나는 동양평화론이다.

이동휘의 감화를 받아 기독교에 입문한 강우규는 교회 설립 등 기독교 전파는 물론 그 자신 역시 일생을 독실한 기독교 신앙인으로 살았다. 남대문역 거사 후 일경에 피체돼 서대문감옥에 수감돼 있는 동안에도 기도와 묵상으로 하루 일과를 보냈다.

그의 독립사상을 이해하기 위해서는 기독교 사상을 빼놓을 수 없다. 당시 그가 믿은 기독교는 평화를 바탕에 둔 민족주의적 성격을 띠고 있었다고 할 수 있다. 그는 기독교 사상을 실천하기 위해 교회를 세우고 그 교회를 통해 민족운동을 전개하고자 했던 것이다. 이는 그가 조선청년의 교육을 강조하면서 남긴 유언에서도 확인된다.

"조선청년이 향할 곳은 기독교이니 먼저 기독교를 믿어서 성령을 맑게 한 후에 공부를 하지 않으면 안된다"

이러한 신념하에 그는 함경남도 홍원과 블라디보스토크, 북간도 두도구 등에 장로교 계통의 교회를 세웠다.

동양평화론은 1909년 만주 하얼빈역에서 이토 히로부미를 척살한 안중근 의사가 여순감옥에서 저술한 책을 통해 널리 알려져 왔다. 그런데 그로부터 10년 뒤 조선총독 척살을 결행한 강우규 역시 거사의 배경에 이같은 주장을 담고 있어 주목된다. 강우규는 재판과정에서 더러 이같은 주장을 폈는데, 상고취지서에 나타난 그의 동양평화론에서도 알수 있다.

당시 강우규의 세계관은 신문명에서 앞선 일본을 세계의 대국이자 동양3국 가운데 1등국임을 인정하고 있었다. 그러므로 일본은 동양3국의 리더로서 이웃나라와 분쟁을 일으키는 대신 평화회의를 성립시켜 동양3국을 정립시켜 견고하게 자립시켜야 한다고 주장하였다. 그럴 경우 일본은 3국 가운데서 패국覇國이 될 것이요, 반대로 그렇지 않을 경우 자신은 조국과 동포를 위해 독립투쟁이 나설 수밖에 없음을 밝히고 있다. 강우규의 이같은 '동양평화론'은 자신의 거사가 개인 차원의 투쟁이 아니라 동양의 평화를 지키기 위한 한 방략임을 천명한 것으로, 그의 평화사상의 일면을 엿볼 수 있는 것이라고 하겠다.

강우규의 사이토 총독 폭살의거는 우리 독립투쟁사에서 두 가지의 독특한 역사적 의의를 갖는다고 할 수 있다.

첫째, 1919년 3·1만세의거 이후 민족진영에서 독립투쟁의 한 방략으로 정립된 의열투쟁 노선의 실천한 점이다. 1910년 국권 상실 이전에도 의열투쟁은 없진 않았다. 우선 1908년 3월 23일 전명운·장인환 두 의사가 미국 샌프란시스코 페리부두에서 친일 미국인 스티븐스를 처단하였으며, 이듬해 10월 26일에는 안중근 의사가 중국 하얼빈 역두에서 한국침략이 원흉 이토 히로부미를 처단하였다. 바로 그 맥을 강우규가 계승하였다고 할 수 있다.

강우규는 평소 청년교육의 필요성을 인식하고 이에 힘을 쏟으면서도 한계 같은 것을 느끼고 있었다. 그리하여 의열투쟁을 통해 조선청년들에게 인상을 심어 주고 불씨를 당기고자 했다.

3·1만세의거 과정에서 일본 군경에 저항한 무수한 항일투사들이 있

었지만 식민통치의 최고책임자인 조선총독 제거를 목표로 거사를 준비한 사람은 드물었다. 강우규는 의거 처음부터 목표를 조선총독으로 잡고 주도면밀한 준비를 통해 거사를 결행했다. 비록 총독을 척살하지는 못했지만 강우규 의거가 항일투쟁사와 동양사에 끼친 영향을 감안하면 소기의 성과는 충분히 달성했다고 할 수 있다.

둘째, 한국 독립운동사상 최고령자의 폭탄투척의거라는 점이다. 의열투쟁에 나선 대부분의 의·열사는 20~30대 청장년층이었다. 반면 의거 당시 강우규는 만 64세였다. 당시 평균수명이 50세도 채 안된 점을 감안하면 강우규의 의거는 당시로선 도저히 상상하기 어려운 일이었다. 강우규가 의거 후 현장에서 체포되지 않은 이유 역시 '노인'이었기 때문인데 당시 강우규는 대한노인동맹단 단원이었다. 강우규의 의거 후 민족진영의 청장년들이 의열투쟁 대열에 대거 동참하였는데, 약산 김원봉이 결성한 의열단과 상해임시정부에서 김구가 조직한 한인애국단 등이 대표적인 사례라고 할 수 있다. 김익상·김상옥·나석주 의사는 의열단원이었으며, 이봉창·윤봉길 의사는 한인애국단원이었는데, 이들은 모두 강우규의 뒤를 이은 청년 의·열사들이었다.

강우규는 1920년 11월 29일 서대문감옥에서 순국했다. 그 해 5월 27일 고등법원의 상고 기각으로 사형이 확정된 지 근 6개월여 만의 일이다. 순국 이틀 뒤인 12월 1일자 『매일신보』 보도에 따르면, 이에 앞서 3일전인 26일 경성복심법원으로부터 강우규에 대한 사형집행 명령이 서대문감옥에 하달되었다. 당일 오전 9시 반 형무소측은 당시 종로 구치감에 수감돼 있던 강우규를 서대문감옥 본감으로 옮겨와 10시 30분,

오카모토岡本 검사가 입회한 가운데 사형을 집행했다. 형을 집행하기 전 형리가 마지막으로 남길 말이 없느냐고 묻자 강우규는 마지막 말을 남겼다.

"내 고향은 함경남도 군무면 제남리인데 자손들은 그와 같은 편벽한 곳에서 살지 말고 될 수 있는 대로 도회지에 나와서 살기를 바란다"

이 밖에도 강우규는 짧은 사세시辭世詩 한 편을 남긴 것으로 전해진다.

단두대에 홀로 서니 춘풍이 감도는구나
몸은 있으되 나라가 없으니 어찌 감회가 없으리오
斷頭臺上 猶在春風
有身無國 豈無感想

순국 당시 강우규는 장남이 차입한 한복 두루마기를 입고 있었으며, 형이 집행된 후 30분 만에 절명하였다. 당일 장남 중건은 경찰서 유치장에 감금돼 있다가 강우규의 형 집행 후에야 풀려났는데, 형무소측은 시신 인도 절차를 마치고 오후 3시 25분에 중건에게 강우규의 시신을 인도하였다.

강우규의 시신을 둘러싸고 일제가 사형집행 전에 이미 강우규를 절명시켰다는 주장도 제기된 바 있다. 당일 오후 2시 중건은 부친의 시신을 인도해 가라는 연락을 받고 서대문감옥으로 향했다. 중건은 감옥 시체실에서 사각형 궤짝 하나를 인계받는데, 그 속에는 부친의 시신이 앉은 채로 들어 있었다. 이 모습을 본 중건은 놀라 그 자리에서 기절하고 말았다. 일설에 따르면, 강우규가 사형 집행을 앞두고 연일 감옥에서 만세를 부르자 이에 부담을 느낀 형무소측이 강우규 감방에 가스를 넣어 형이 집행되기도 전에 이미 절명케 했다는 것이다. 중건이 부친의 시신을 확인코자 뚜껑을 열었을 때 강우규는 이미 시신이 굳은 상태였고, 감옥 측은 부득이 앉은 자세대로 관을 만들었다는 것이다.

국립현충원에 영원히 잠들다 ┃ 한편 강우규의 유해는 순국 직후 유족들이 선영으로 모시고자 했으나 일본 경찰의 불허로 성사되지 못했다. 일본 경찰은 강우규의 유해를 선영에 안장할 경우 조선인들의 민심을 자극할 우려가 있다고 판단하였기 때문이다. 결국 빈소 조문은 커녕 장례 행렬도, 조객도 없이 장남 중건과 몇몇 지인만이 강우규의 유해를 운구하였다. 강우규의 마지막 가는 길까지 감시차 일경 2명이 따라오자 중건은 이들을 향해 돌을 던지며 "네놈들은 이미 죽은 사람까지도 감시해야만 속이 시원하냐!"며 꾸짖었다. 강우규의 유해는 이날 오후 경기도 고양군 은평면 신사리 소재 서대문감옥 공동묘지에 임시로 가매장되었다.

해방 후에도 강우규의 묘소는 10년 가까지 이곳 공동묘지에 쓸쓸히 방치돼 있었다. 그러다가 1954년 봄 유지들의 발기로 이장문제를 논의한 후 마침내 서울 우이동 산록山麓으로 이장할 계획을 세웠었다. 그러나 일정에 차질이 생겨 당초 계획보다 2년 뒤인 1956년 10월 18일 수유리 산 109번지에 묘지 이장과 함께 육당 최남선이 쓴 묘비 제막식을 가

| 강우규 유해 국립묘지 안장 후 참배(1967)

| 국립묘지의 강우규 묘

| 강우규 어록비(독립기념관 경내)

겼다. 우이동에 마련된 강우규의 묘소는 덕천군민회에서 관리하였는데, 부지 문제를 놓고 서울시 관재국과 송사訟事에 휘말리는 등 곡절을 겪다가 1967년 6월 26일 국립현충원으로 이장하였다. 앞서 정부는 강우규의 공훈을 기리어 1962년 건국훈장 복장(현 건국훈장 대한민국장, 1등급)을 추서하였다.

2006년 강우규의사기념사업회가 출범해 활발한 기념사업 활동을 보이고 있다. 기념사업회 측은 우선 현창사업의 일환으로 『남대문역두의 투혼 의사 강우규』를 출간하였다. 이는 강우규 재판 판결문을 비롯해 그간 발표된 각종 학술논문, 신문기사 등을 한 곳에 모은 일종의 자료집 성격의 책이다. 기념사업회는 이밖에도 강우규 의사 동상건립 기금모금운동을 비롯해 각종 기념사업을 전개하고 있으며, 2009년 8월에는 강우규 의거 90주년을 맞아 학술세미나를 개최한 바 있다.

의열투쟁가 강우규의 삶과 자취

1855년   6월 1일   평안남도 덕천에서 4남매 막내아들로 출생.

1885년   함경남도 홍원으로 이주.

1910년   8월 29일   한일병탄으로 국권 상실.

1911년   봄   간도 두도구頭道溝로 이주.

1917년   지린성 요하현 신흥동에서 광동光東학교 설립.

1919년   3월 1일   3·1만세의거 발발.

                3월 26일   블라디보스토크에서 노인동맹단 결성.

                6월   블라디보스토크 출발, 원산 도착.

                7월   하세가와 총독 이한離韓.

                8월 4일   원산 출발.

                8월 5일   서울 도착.

                8월 28일   안국동 95번지에서 남대문통 5정목 60번지로 숙소 옮김.

                9월 2일   사이토 총독 남대문역 도착 후 폭탄 투척.

                9월 17일   사직동 여관에서 체포.

                10월 20일   기소.

1920년   1월 28일   예심 종결.

                2월 18일   2차 공판서 사형 구형.

                2월 25일   1심 재판부서 사형 선고.

4월 26일 2심 재판부서 사형 선고.

4월 28일 상고 제출.

5월 27일   3심 재판부서 상고 기각, 사형 확정.

11월 29일 서대문감옥서 교수형으로 순국.

1933년	5월 11일 최자남 별세.
1954년	3월 30일 서울 우이동 산록으로 이장.
1962년	3월 건국훈장 대한민국장 추서.
1963년	12월 1일 허형 별세.
1967년	6월 26일 서울 동작동 국립묘지로 이장.
2006년	강우규의사기념사업회 발족 및『남대문역두의 투혼 의사 강우규』발간.
2009년	8월 강우규의사 의거 90주년 기념 학술세미나 개최.

참고문헌

사료

- 『매일신보』, 『독립신문』, 『동아일보』, 『조선일보』, 『동경일일신문』.
- 『개벽』, 『별건곤』, 『삼천리』, 『신천지』.
- 조선출판협회, 『조선병합십년사』, 한성도서주식회사, 1922.
- 『강우규 폭탄투척사건 판결문』, 1920.
- 국사편찬위원회, 『한국독립운동사 자료(임정편 II · III)』 2005.
- 국사편찬위원회, 『한국독립운동사 자료』 37, 1996.
- 국회도서관, 『한국독립운동사료』 2, 1978.
- 한국독립운동사편찬위원회, 『독립운동사자료집』 5, 1972.
- 한국독립운동사편찬위원회, 『독립운동사자료집』 11, 1976.
- 박은식, 「노협객 강우규의 사이토 저격」, 『한국독립운동지혈사』.
- 송상도, 「강우규」, 『기려수필』, 국사편찬위원회, 1955.
- 유광렬, 「기자생활 10년 비사」, 『동광』 38, 1932.
- 유광렬, 「신문기자 시대에 접촉한 각계 인물인상기」, 『동광』 40, 1933.
- 강동진, 『일제의 한국침략정책사』, 한길사, 1980.
- 강우규의사 기념사업회, 『남대문역두의투혼 의사 강우규』, 2006.
- 김방, 『이동휘연구』, 국학자료원, 1999.
- 김삼웅, 『서대문형무소 근현대사 – 일제시대편』, 나남출판, 2000.
- 김소진, 『한국독립선언서연구』, 국학자료원, 1999.
- 독립운동사편찬위원회, 『독립운동사』 7, 1976.
- 독립유공자협회, 『러시아지역 한인사회와 민족운동사』, 교문사, 1994.
- 박환, 『러시아한인민족운동사』, 탐구당, 1995.

- 박환, 『잊혀진 의열투쟁의 전설 강우규의사 평전』, 선인, 2010.
- 반병률, 『성재 이동휘일대기』, 범우사, 1998.
- 이상근, 『한인노령이주사연구』, 탐구당, 1996.
- 진주강씨중앙종회, 『순국선열 강우규』, 강원일보사, 1982.
- 평안남도지편찬위원회, 『평안남도지』, 1979.
- 현규환, 『한국유이민사』 상, 삼화인쇄주식회사, 1976.
- 홍원군지편찬위원회, 『홍원군지』, 1973.
- 강영재, 「남대문역두 강우규의사의 투탄」, 『신동아』 5월호, 동아일보사, 1969.
- 거름편집부, 「노의사 강우규」, 『조선족 백년사화』 1, 거름, 1989.
- 김익한, 「제3대 총독 사이토 마코토(齋藤實)」, 『조선총독 10인』, 가람기획, 1996.
- 김창수, 「왈우 강우규 의사의 사상과 항일의열투쟁」, 『이화사학연구』 30, 이화사학연구회, 2003.
- 김형목, 「한말 계몽운동과 강우규의 현실인식」, 『강우규의사 의거 90주년기념학술회의 발표문』, 강우규기념사업회, 2009.
- 박환, 「강우규의 의열투쟁과 독립사상」, 『한국민족운동사연구』 55, 한국민족운동사학회, 2008.
- 반민족문제연구소, 「김태석」, 『친일파 99인』 2, 돌베개, 1993.
- 신재홍, 「독립군의 압록강 습격작전」, 『신동아』 5월호, 동아일보사, 1969.
- 양성숙, 「의열투쟁의 불꽃을 피우다 / 강우규」, 『한국근현대인물강의』, 춘담유준기박사 정년퇴임기념논총간행위원회, 2007.
- 유홍렬, 「3·1운동 이후 국내의 민족운동」, 『3·1운동50주년기념논집』, 동아일보사, 1969.
- 윤정란, 「3·1운동과 기독교」, 『한국독립운동의 역사-종교계의 민족운동』 38, 한국독립운동사편찬위원회, 2008.
- 이병헌, 「강우규」, 『한국근대인물백선』, 동아일보사, 1970.
- 이현희, 「서대문형무소에서의 옥중항일투쟁과 성과」, 『서울학연구』 23,

서울시립대 서울학연구소, 2004.

- 이현희, 「임시정부 수립 이후의 독립투쟁과 서대문형무소」, 『백산학보』70, 백산학회, 2004.
- 정운현, 「강우규의사의 생애와 의거」, 『강우규의사 의거 90주년기념학술회의 발표문』, 2009.
- 齋藤實元子爵銅像復元會, 『齋藤實 追想錄』, 1986.
- 姜德相, 「風雲の老鬪士 姜宇奎」, 『朝鮮獨立運動の群像』, 青木書店, 1984.

찾아보기

노구(老軀)를 민족제단에 바친 의열투쟁가 강우규

1판 1쇄 발행 2010년 10월 30일
1판 2쇄 발행 2020년 8월 15일

글쓴이   정운현
기   획   독립기념관 한국독립운동사연구소
펴낸이   주혜숙
펴낸곳   역사공간
            주소: 04000 서울특별시 마포구 동교로19길 52-7 PS빌딩 4층
            전화: 02-725-8806
            팩스: 02-725-8801
            E-mail: jhs8807@hanmail.net
            등록: 2003년 7월 22일 제6-510호

ISBN 978-89-90848-79-6 03900

역사공간이 펴내는 '한국의 독립운동가들'

독립기념관은 독립운동사 대중화를 위해 향후 10년간 100명의 독립운동가를 선정하여,
그들의 삶과 자취를 조명하는 열전을 기획하고 있다.